IKB Deutsche Industriebank

BAU KUNST WERK

Die Publikation BAU KUNST WERK erscheint zum 75jährigen Jubiläum der IKB Deutsche Industriebank AG.

Der Band BAU dokumentiert die Architektur der Düsseldorfer IKB Verwaltungszentrale.

Der Band KUNST dokumentiert die Düsseldorfer Sammlung von Gemälden, Grafiken, Fotografien und Skulpturen der IKB.

BAUK
UNST
WERK

In Form für neue Unternehmungen

Dr. Alexander von Tippelskirch

Pünktlich zum 75jährigen Jubiläum und rechtzeitig vor der Jahrtausendwende legt die IKB mit den beiden Bänden über den Neubau unserer Düsseldorfer Verwaltungszentrale und die Kunstsammlung, die sich hier befindet, die Dokumentation zu diesem BAU KUNST WERK vor.

Wir betrachten Architektur und Bildende Kunst als Gesamtwerk. Der Entwurf der Architekten Müller, Djordjevic, Krehl sah einen klassisch-modernen Stil mit hochwertigen technischen Details vor – diese baulichen Bedingungen haben wir mit den Mitteln der Kunst ausgestaltet, um eine Atmosphäre zu schaffen, die unsere Unternehmenskultur gleichermaßen inszeniert und inspiriert.

„Unsere Mitarbeiter sind unser wichtigstes Kapital." So lautet der erste unserer Leitsätze zur kooperativen Führung und Zusammenarbeit. Getreu diesem Motto haben wir die Planung von Bau und Kunst an den Zielen Kommunikation und Teamorientierung ausgerichtet, sodaß ein gelebtes Miteinander entstehen kann.

Eine harmonische und dynamische Gemeinschaft bildet für uns die Basis erfolgreicher Zusammenarbeit. Sie zu fördern und ihr darüber hinaus neue Impulse zu geben, ist für die IKB von großer Bedeutung. Wir haben einiges erreicht, entscheidend aber ist der Blick nach vorn.

Um uns in Form für neue Unternehmungen zu bringen, ist die Bank mit Beginn des Geschäftsjahres 1999/2000 neu ausgerichtet worden. Ergänzend zur bewährten regionalen Gliederung werden die Aktivitäten nun in zentralen Geschäftsfeldern gebündelt.

Unsere reformierte Struktur orientiert sich an den veränderten Entwicklungen der Märkte und dem daraus resultierenden gewachsenen Beratungsbedarf der Kunden. Diese Differenzierung und Individualisierung kann man mit der Art und Weise vergleichen, wie das Ambiente, das durch Bau und Kunst entstanden ist, dem neuen Denken Rechnung trägt.

Insofern stellt nicht nur die Investition in das Gebäude eine Investition in die Zukunft dar. Die Anlage unserer „Düsseldorfer Sammlung" ist ebenfalls ein Investment, das einerseits auf Werterhalt ausgelegt ist und andererseits durch das tägliche Erleben der Kunst dazu beiträgt, unserem Arbeitsergebnis eine zusätzliche Qualität zu verleihen.

Ein Wort noch zum Thema der IKB Sammlung: Im Sinne unserer Zukunftsorientierung haben wir bei der Konzeption auf Weltoffenheit gesetzt – und im Sinne unserer Verantwortung für den Standort auf Heimatverbundenheit.

Die sammlerische Tätigkeit der Bank ist im wesentlichen zu verstehen als ein Bekenntnis zur Staatlichen Kunstakademie Düsseldorf, eine der weltweit berühmtesten. Die Tradition der Akademie und das Renommee der Lehrer und Schüler haben uns die grundsätzliche Entscheidung leicht gemacht. Wir dürfen uns glücklich schätzen, daß es mit Hilfe der engagierten Kunstberatung von Hete Hünermann gelungen ist, eine Auswahl an Arbeiten zusammenzutragen, von denen jede eine ästhetische Bereicherung für unser Haus darstellt.

Düsseldorf, September 1999

Das Geld - die Kunst

Markus Lüpertz

Malen und Dichten
sind Schlangengeschichten
in dichten
Sträuchern schweben
Beeren
schwarz im Leeren
versteckt
richten
sorglose Schmetterlinge
leckt der Zaunkönig Tautropfen
vom Spinnengewebe
goldene Ringe
glühen im Vorübergehen
verborgen
sticht sich die suchende Hand
singe
ich dir ein Lied

Banken haben Traditionen,
Geschichte und heute auch immer mehr Macht.
Gern gezeigte Macht,
übernehmen sie einen beträchtlichen Teil der Privatinitiative,
betreiben Politik und auch Kulturpolitik,
fördern Sammlungen,
stellen Kulturprogramme auf,
verweisen auf die kulturelle Verantwortung des Geldes.
Ist Geld ein schwieriges Wort in der bildenden Kunst.
Ein Fluch auf jeden Fall.
Ist Geld als glitzerndes goldenes Vlies,
als Siegerpreis,
als zu Häufendes, zu Ergatterndes, zu Erjagendes
ein Anreiz,
ein Prüfstein der Unabhängigkeit,
der Nicht-Verführbarkeit.
Erfolg darf und kann nie auf Kunst Einfluß nehmen;
denn Erfolg ist selbstverständlich
und nur eine Frage der Zeit.

Zeithaben, das größte Genie eines bildenden Künstlers,
wird oft nicht gesehen,
nie begriffen.
Das unbedingte Wissen des Künstlers
um seine Ewigkeit,
seine Notwendigkeit,
dieser fanatische Glauben,
Zeit zu sein,
macht Erfolg selbstverständlich
und enthebt ihn daher jeder Beweislast.

Im Beweis sterben alle Träume.
Im Beweis werden Statistiken erfunden,
um zu beweisen, werden Kriege begonnen und verloren,
um des Beweises willen wandern Märchenerzähler aus,
werden Ehen geschlossen.
„Beweis mir Deine Liebe",
sagt nur der Partner, der nicht liebt.
Und der Liebende zerbricht am Beweis,
ertrinkt im Strudel seiner Kapriolen
und hechelt mit zerbrochenen Flügeln
zu Füßen seiner gnadenlosen Liebe,
die auf die nächste Bergbesteigung lauert
und in ihrem herzlosen Poesiealbum
ihre Wertungen als Gedichte mißversteht.

So muß nichts bewiesen werden.
Keine Jugend,
kein Rechthaben,
keine Unschuld.
Sind das doch alles Voraussetzungen des Künstlers,
in denen er nicht nachläßt,
nicht wankt
und allen überlegen ist.

Geld in den Händen des wahren Künstlers
ist immer eine Blume der Freiheit,
Anlaß zu ständigen Festen.
Geld ist ihm immer etwas zu Teilendes,
zu Verschwendendes,
etwas nicht Ernstzunehmendes.
Also hat der Künstler einen großen Bedarf an Geld,
und es sei ihm gegönnt, da er es nicht behält.
Mit Geld in der Tasche lacht einem der Wirt,
liebt uns der Bettler,
glänzen die Augen der Frauen,
singen die Sänger,
das Ballett tanzt,
die Tische sind gedeckt,
die offenen Flaschen funkeln,
und Lachen und Geschichten nehmen kein Ende.
Geld in den Händen des Künstlers ist die schönste Verwendung;
denn er verteilt es in Ecken und Anekdoten,
in Falten und Risse nie gesehener Mäuler,
stopft damit Löcher in Wolkenkuckucksheimen

und verliert es beim Leeren seiner Taschen,
um bunte Kieselsteine
und welke Blumen nach Hause zu tragen.
Weiß nicht, daß das Geld für morgen reichen sollte,
flieht der Verantwortung,
die strafend ihren soliden Finger hebt.
Doch gönnt dem Künstler diese Freiheit,
mahnt ihn nicht,
überschüttet ihn nicht mit Häme,
wenn Büttel und Schuldeneintreiber
seinen Höhenflug stoppen,
wenn Gevatter Hein mit seinem Genossen,
dem langfingrigen, hohläugigen,
sich fortschleppenden
Krankheitsverteiler
die Ateliers bevölkert,
wenn die Saiten auf den Lauten reißen
und das volle Glas
ungetrunken aus der schwachen Hand
zu Boden fällt.

Liebt den Künstler um seiner Kunst willen
und seht das Sammeln seiner Werke
als selbstverständlichen Ausgleich
Eurer schönen, großen Siege
und der damit verbundenen Macht.
Es ist schönste Demokratie,
wenn konzentrierter Erfolg in große Kunst sich ummünzt.

Die Düsseldorfer Sammlung der IKB

Josef Albers

1888	geboren in Bottrop
1929–1933	Lehrer am Bauhaus
1933	Emigration in die USA, seit 1939 amerikanischer Staatsbürger
1933–1949	lehrt am Black Mountain College, North Carolina, USA
1943	Herausgabe des Buches „Interaction of Colour"
1950–1959	lehrt an der Yale University, New Haven, USA
1976	gestorben in New Haven, Connecticut, USA

Seit 1949 huldigt Josef Albers dem Quadrat. Aus einer systematischen Beschäftigung mit Linie, Raum, Fläche und Farbe beginnt er eine Serie geometrischer Farbräume, die er „Hommage to the Square" nennt. In einer Übersichtsausstellung werden 1965 mehr als vierzig dieser Bilder im Museum of Modern Art in New York vorgestellt.

Albers quadratische Gemälde sind Meditationen über Farbe. Die geometrischen Formfelder sind nach genau festgelegter Horizontal- und Vertikaleinteilung von je zehn Einheiten auf der Bildfläche plaziert. Bestanden die frühen Bilder dieser Serie noch aus jeweils vier ineinander ruhenden Quadraten, so reduziert Albers seine Farbharmonien am Ende auf drei Stufen, die, wie hier, einem festen Schema folgen: das zentrale, dunkelblaue Quadrat sitzt mittig im unteren Drittel der Leinwand und wird von einem größeren, olivgrünen Quadrat und schließlich von einer grassgrünen Grundierung hinterfangen. Die Abstände zum Bildrand entsprechen nach oben jeweils eineinhalb Schrittabständen, während sich die Abstände am unteren Rand zu halben Schritten verdichten. Durch die Gewichtung der ineinanderliegenden Quadrate im unteren Bilddrittel erhält auch die Farbe Gewicht. Die rhythmisierte Maßeinteilung erzeugt den Eindruck von Tiefe und Räumlichkeit. So wirkt die Farbe plastisch. Eine jede scheint vor der anderen zu liegen, beziehungsweise in weiterer Entfernung von ihr. Obwohl die Farbfelder für jeden Betrachter nachvollziehbar plan auf der Fläche liegen, scheint das Blau in seinem Farbwert die nächst größere Stufe von hinten zu überstrahlen. Plastischer Tatbestand und psychische Wirkung stehen im Widerspruch. Anstelle des emotionalen Herstellungsprozesses und der subjektiv-spontanen Aussage, wie sie die Malerei des gleichzeitigen „action paintings" formulierte, treten bei Albers objektivierende und statische Elemente in den Vordergrund. Die Wirkung der Farben aber bleibt auratisch und entzieht sich damit jeglicher Festlegung. „Nur der Schein trügt nicht", betont Albers. Und auf diesen „Schein", die Aura der Farben, kam es ihm besonders an, um Gewissheit in Frage zu stellen.

Josef Albers ist der Erfinder einer Kunst, die uns lehrt, Farbe neu zu sehen und in ihrer Vieldeutigkeit zwischen Rationalität und Sensibilität zu erfahren. Die Huldigung des Quadrats erweist sich als Malerei, die Größen wie Stil und Handschrift, Nation und Autor hinter sich läßt. Albers geht es darum, „sehen" zu lehren.

Vor dem Ersten Weltkrieg ist Josef Albers zunächst Volksschullehrer in Bottrop. 1913 geht er zum Kunststudium nach Berlin und München und schließlich 1920 an das Bauhaus in Weimar. Nach der Übersiedlung des Bauhauses wird er in Dessau 1925 zum „Meister" ernannt und beginnt zu lehren. Als das Bauhaus 1933 von den Nationalsozialisten geschlossen wird, emigriert Albers zusammen mit László Moholy-Nagy und Lyonel Feininger in die Vereinigten Staaten. Hier baut er am Black Mountain College in North Carolina ein neues „Bauhaus" auf. Die von Albers hier gelehrte Kunstauffassung übt einen großen Einfluß auf die nachfolgenden Künstlergenerationen in den Vereinigten Staaten aus. Von 1950 an leitet Albers die Abteilung Design der Yale University und wird zum Professor ernannt. Daneben übernimmt er Dozentenstellen in Ulm, in Harvard, in Princeton und an verschiedenen anderen amerikanischen Universitäten. Nach zahlreichen Ausstellungen und Auszeichnungen stirbt Josef Albers im Alter von 88 Jahren 1976 in New Haven.

Josef Albers
„Hommage to the Square"
Öl auf Masonit
101 cm x 101 cm
1962

Bauhausfotografie

Bauhaus I/II Portfolio
20 Fotografien 1919–1933
signierte Abzüge von Original-Negativen
Köln, 1985

Das Portfolio enthält Fotografien von Künstlern, die zwischen 1919 und 1933 als Schüler am Bauhaus in Weimar und Dessau studierten. Nach ausführlichen Recherchen konnten die noch lebenden Fotografen auf der ganzen Welt aufgespürt werden, um in den 80er Jahren Neuabzüge zu autorisieren. Die Negative werden im Bauhausarchiv bewahrt. Alle zwanzig Abzüge wurden von ihren Urhebern signiert.

Ein neues Sehen bestimmt nach dem Ersten Weltkrieg die Fotografie. Rationalität und Objektivität dominieren die Bildausschnitte. Sie gehen ästhetisch konform mit der Entwicklung zum Nüchternen, Elementaren und Schlichten in der Architektur, in der Malerei und im Möbeldesign. Durch das Auge des Objektivs suchen die Künstlerinnen und Künstler, Realität und damit „Wahrheit" im Foto festzuhalten. Durch die Linse wird die Welt mit optimistischer Experimentierfreude neu erforscht.

Am Weimarer Bauhaus gilt dem jungen Medium seit 1919 zunehmend großes Interesse. Im aufblühenden Zeitalter von Presse und Werbung gewinnt die unkonventionelle Bauhausfotografie Vorbildcharakter. Nach dem Umzug der Kunstschule nach Dessau im Jahre 1925 nimmt das allgemeine Interesse sogar noch zu. Die Künstler lösen alltägliche Motive aus ihrem Zusammenhang. Sie isolieren und monumentalisieren banale Gegenstände. Eine Aufnahme von Grete Stern etwa widmet einem Wasserglas mit einem Stück Papier darin die ganze Aufmerksamkeit. Extreme Diagonalen dynamisieren nun sowohl die Porträt- als auch die Architekturfotografie. Gerd Balzer dramatisiert auf diese Weise die Fassade des Prellerhauses mit seinen kargen Balkonen. W. David Feist betont die Diagonale, indem er einen „Mann mit Pfeife" aus starker Untersicht porträtiert.

Ein anderes Feld des künstlerischen Interesses gilt seriell hergestellten Industrieprodukten. Eine Reihe Atikah-Zigaretten wird von Katt Both schräg im Bild zurechtgerückt. Herbert Beyer läßt sich von der geometrischen Anordnung einer Glasaugenproduktion hinreißen. In dieselbe Reihe gehören auch Georg Muches Versuche, in denen der Künstler seit 1921 Räume verschiedener Bauhauswerkstätten mit Kugelspiegeln fotografisch verzerrt eingefangen hat. Ebenso die verfremdenden Kompositionen von Horacio Coppala, der einen Faden mit einem Ei konfrontiert, um den Gegensatz von Dynamik und Ruhe, offener und geschlossener Form fotografisch sichtbar zu machen. Gegenstände werden aus ihrem Funktionszusammenhang gelöst, um ästhetisch reine Blickwinkel auf die Produktwelt einzunehmen. Formen werden aus ihrem Kontext isoliert und entwickeln dadurch – wie beispielsweise in der Aufnahme von Gerd Balzer – ein Eigenleben.

Ein wichtiges Thema der Bauhausfotografie sind die Fotogramme. Bei dieser Technik wird das Licht unmittelbar und ohne Umweg über einen Linsenapparat eingefangen. Von Karl Straub stammt die Komposition mit Zylinderglas und angelehnten, flachen Gegenständen, die er auf schwach lichtempfindliches Auskopierpapier plaziert. Während des Aufnahmeprozesses werden auch die Standorte der Gegenstände verändert, sodaß die Schichtungen und Schattenrisse abstrakt-dynamische Wirkungen hervorrufen.

Erst am Bauhaus wird die Fotografie als Lichtbildnerei zum eigenständigen Ausdrucksmittel der Kunst.

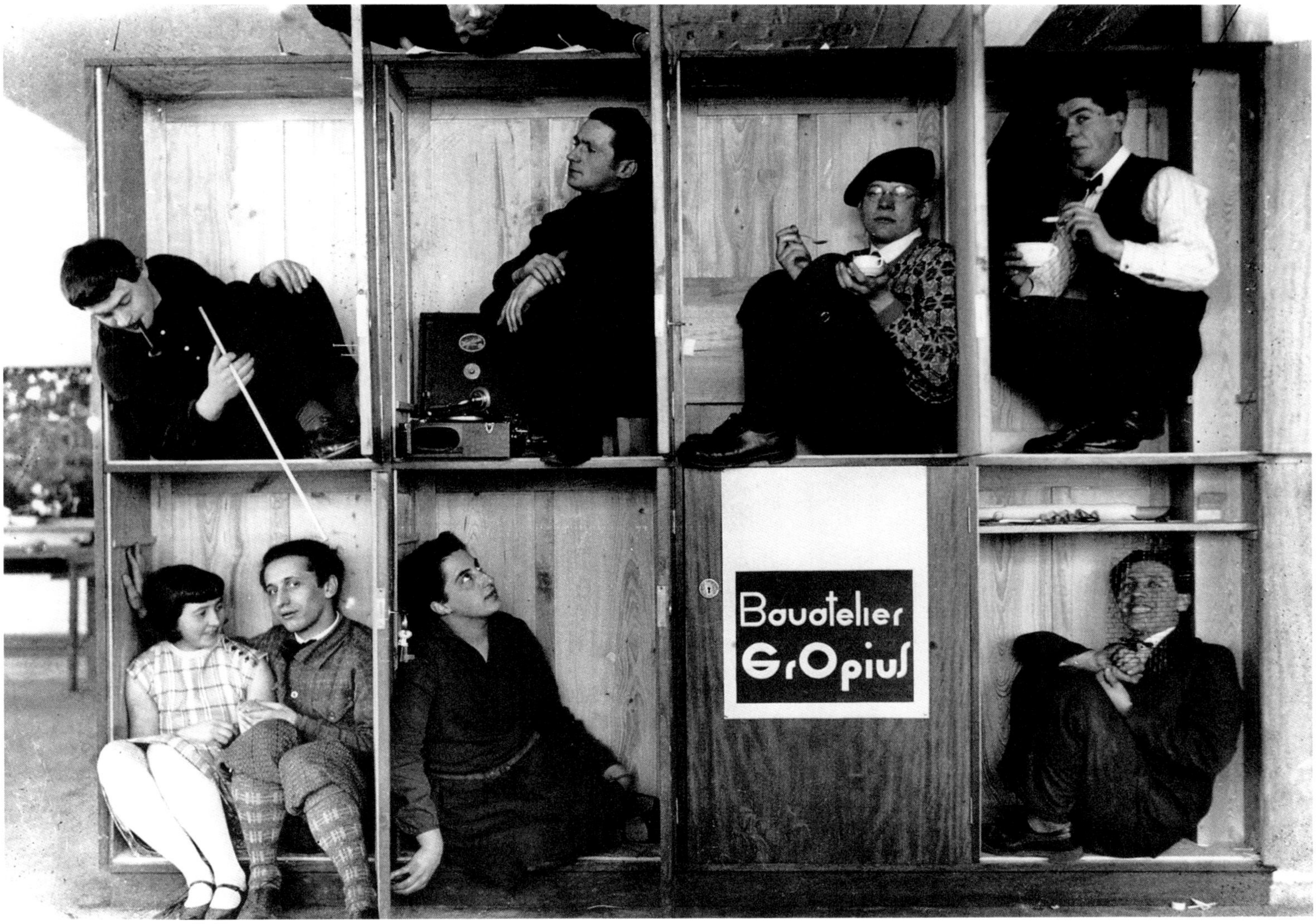

Edmund Collein
„Bauatelier Gropius"
Abzug auf Barytpapier
18 cm x 24 cm
1927 – 1928

Katt Both
„Atikah Cigaretten"
Abzug auf Barytpapier
27 cm x 20 cm
1930 – 1931

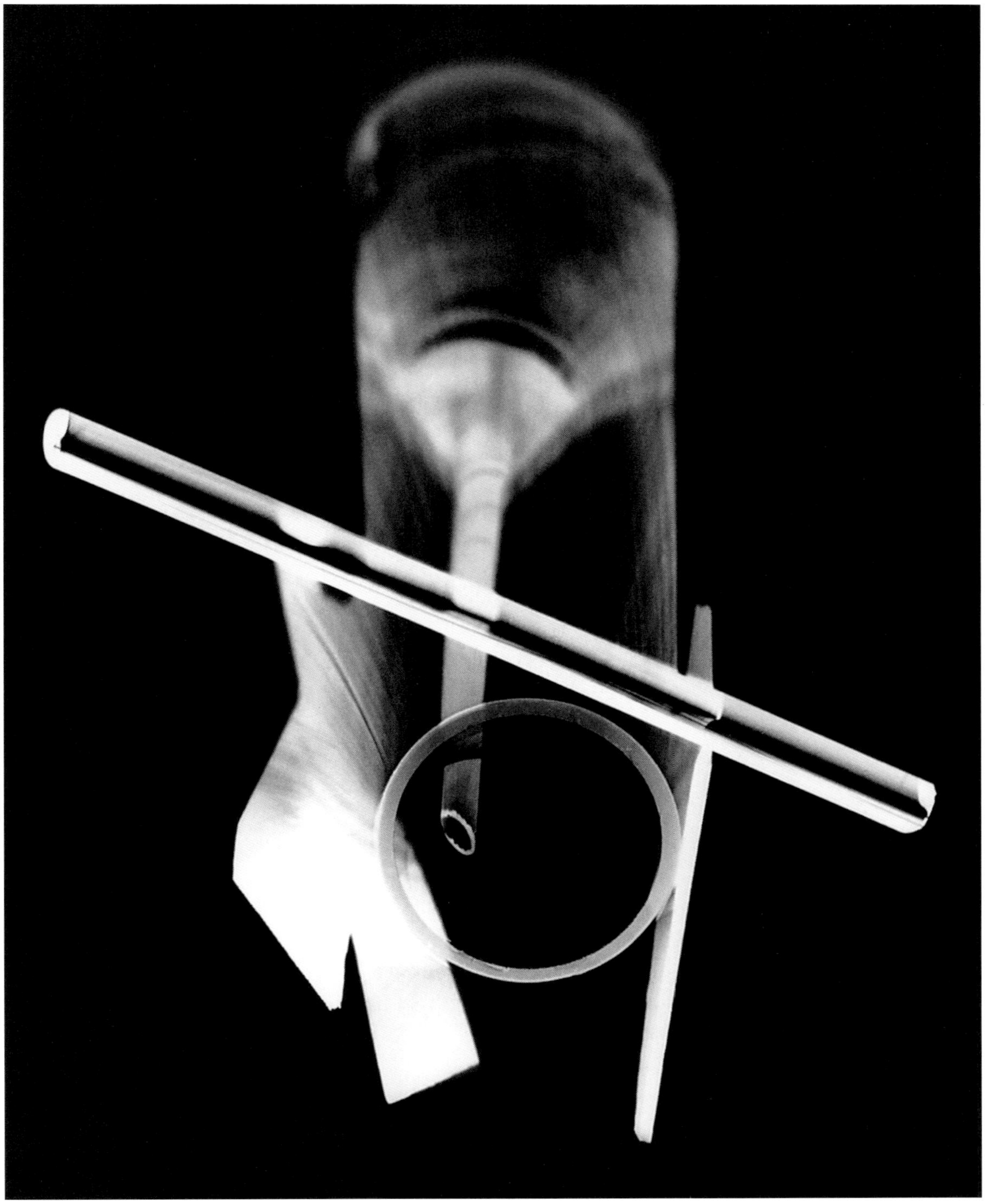

Karl Straub
„Photogramm“
Abzug auf Barytpapier
22 cm x 20 cm
1924

W. David Feist
„Mann mit Pfeife (Kurt Stolp)"
Abzug auf Barytpapier
25 cm x 18 cm
1929

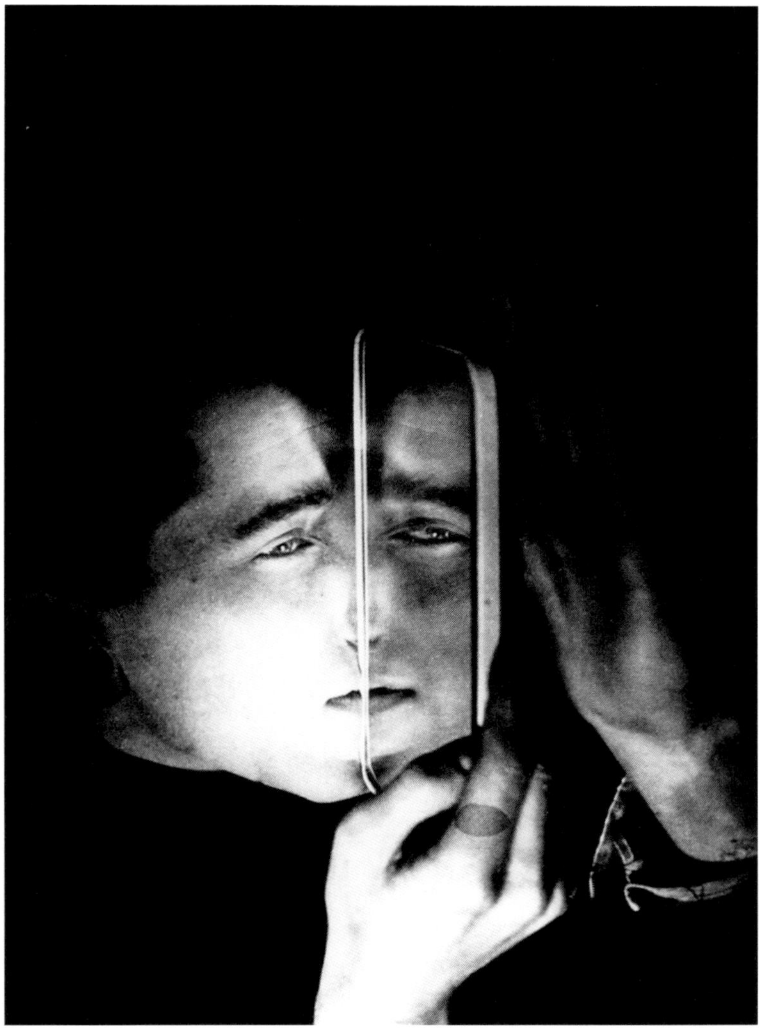

Lotte Stamm-Beese
„Albert Braun mit Spiegel"
Abzug auf Barytpapier
14 cm x 10 cm
ca. 1928

Bernd und Hilla Becher

1931	Bernd Becher geboren in Siegen
1934	Hilla Wobeser geboren in Potsdam
1953	Bernd Becher beendet eine Lehre als Dekorationsmaler, beginnt das Studium an der Kunstakademie Stuttgart
1957	Bernd Becher nimmt das Studium an der Kunstakademie Düsseldorf auf
1961	Bernd Becher heiratet Hilla, die, nach einer Fotolehre in Potsdam, seit 1959 an der Kunstakademie Düsseldorf studiert
seit 1972	Teilnahme an der documenta V, VI und VII in Kassel
1976	Bernd Becher erhält eine Professur für Fotografie an der Kunstakademie Düsseldorf
	Bernd und Hilla Becher leben in Düsseldorf

Mit ihrer Bestandsaufnahme industrieller Bauwerke beleben Bernd und Hilla Becher seit Anfang der 60er Jahre die Tradition sachlicher Fotografie in Deutschland neu. August Sander und Alfred Renger-Patzsch hatten in den 20er Jahren bereits begonnen, die Welt systematisch mit der Kamera zu erfassen. Doch die Nationalsozialisten unterbrachen diese Entwicklung. Fabrikhallen, Wasser- und Fördertürme, Hochöfen und Gasbehälter sind die Objekte der gemeinsamen Fotografie des Ehepaares Becher. Zunächst finden sie ihre Motive vor allem im Ruhrgebiet, später auch in ganz Deutschland, Belgien, Frankreich und den Vereinigten Staaten.

Die Bechers legen sich früh auf das Sujet ästhetisch untergeordneter Architektur fest, die bis dahin kaum als bildwürdig gilt. Aus stets gleichem Blickwinkel enstehen unzählige Aufnahmen industrieller Bauwerke. In den Anfängen wird dieser fotografische Blick als langweilig und öde abgetan. Doch die Bechers interessieren sich beharrlich weiter für schmucklose Fassadenstrukturen, für die plastischen „Körper" der Hochöfen und Wassertürme und die „Gesichter" von Wohnanlagen, deren Erbauer namenlos bleiben. Als selbstständige „Persönlichkeiten" ragen die Motive neutral in den Himmel. Dabei arbeiten die Bechers bei ihren Serien konsequent in Schwarz-Weiß. Niemals haben die Künstler die Absicht, die historische Entwicklung eines Bautyps nachzuzeichnen. Vielmehr fesselt sie, das Bestehende im Bild zu sichern. Daß nach den langen Zeiträumen ihrer Recherchen viele der abgelichteten Industriebauwerke nicht mehr existieren, verstärkt den dokumentarischen Aspekt ihrer Kunst.

Die konsequente Haltung im Hinblick auf eine sachliche Lichtbildkunst hat sich durch die Professur von Bernd Becher an der Düsseldorfer Kunstakademie auf eine jüngere Fotografengeneration übertragen. Künstler der „Becher-Schule", wie zum Beispiel Thomas Ruff, Thomas Struth, Candida Höfer oder Boris Becker erkunden inzwischen selbstständig mit gleichermaßen systematischem Blick ihre Alltagsumwelt. Daß der Kunstmarkt auch die Arbeit der Jüngeren intensiv verfolgt, ist nicht zuletzt dem hohen internationalen Ansehen zu verdanken, das Bernd und Hilla Becher der deutschen Nachkriegsfotografie zurückerobert haben.

Bernd und Hilla Becher
„Hochöfen, Ilsede/Hannover"
(eine von zwei Ansichten)
Duotone-Offset auf weißem Karton
50 cm x 40 cm
1998

Bernd und Hilla Becher
o. T.
aus der Serie „Sechs Wassertürme"
Offset-Lithografien
je 52 cm x 40 cm
1976

Boris Becker

1961	geboren in Köln
1982–1984	Studium an der Hochschule der Künste Berlin
1984–1990	Studium an der Kunstakademie Düsseldorf bei Bernd Becher
1993	Arbeitsstipendium des Landes Schleswig-Holstein
1995	Stipendium der Villa Massimo in Rom
1996	Chargesheimer-Preis der Stadt Köln
1998	Einzelausstellung im Kunstmuseum Bonn
	Boris Becker lebt in Köln

Auf den Großfotografien von Boris Becker erscheinen ephemere Bauwerke wie stumme Zeitzeugen. Zur künstlerischen Auseinandersetzung reizen ihn beispielsweise eine Baustelle an der südlichen Rheinbrücke in Köln oder die Montage einer Achterbahn auf den Düsseldorfer Rheinwiesen. Beide Motive sind in Augenblicken befremdlicher Ruhe aufgenommen. Fast unbemerkt wählt der Künstler einen idealen Standort und rückt sich damit sein Motiv zurecht.

Was an den Arbeiten Beckers alltäglich und wie nebenbei erscheint, ist in Wirklichkeit genau kalkuliert. Nichts bleibt auf diesen Bildern dem Zufall überlassen. Das diffuse Tageslicht des gleichmäßig bewölkten Himmels sorgt für eine einheitliche Ausleuchtung, der Kameraauschnitt für einen präzisen Blickwinkel. Wenn auch die Fotografien Momente purer Funktionslosigkeit einfangen, so stehen die gerüstartigen Bauwerke dennoch für Bewegung, Fortschritt und Vitalität. Nur vorübergehend verharren sie in nutzloser Stille. Verfall und Aufbau, Anfang und Ende fallen in eins. Beckers Blick gilt Architekturen der Vergänglichkeit. Die Einsamkeit, die die Motive umgibt, wirkt wie ein Luftholen im Getriebe hektischer Geschäftigkeit.

Der Zeitpunkt, den Boris Becker für seine Aufnahmen wählt, gleicht dem stillen Umkehrpunkt eines Atemzuges. Im Moment der Fotografie erscheinen die abgelichteten Konstruktionen zwecklos und leer. Durch Gegensätze und Widersprüche erzeugt der Künstler Spannung: Bautätigkeiten oder Verkehr könnten stattfinden, kommen aber auf den menschenleeren Bildern nicht vor. Immer wieder wird die Konfrontation mit Bauwerken gesucht, die keine Wohnstatt bilden, sondern Arbeits- und Ereignischarakter haben.

Bis 1990 studiert Boris Becker als Meisterschüler von Bernd Becher an der Düsseldorfer Kunstakademie. Nach einer umfangreichen Serie zur deutschen Bunkerarchitektur löst sich der Künstler vom dokumentarischen Seriengedanken seiner Anfängerzeit. Heute arbeitet er an jeweils verschiedenen Werkgruppen zugleich. Sie verdichten sich zu motivischen Paaren oder thematischen Sequenzen, wie bei den Baustellen von Brücken und Wegen. Neuere Arbeiten werden als Cibachrome in Farbe umgesetzt und zu Bildräumen vergrößert. Die Farbe fügt den Bildern eine erzählerische Komponente hinzu, die, bei aller Sachlichkeit des Blicks, den individuellen Charakter und die Stimmung der Szene erfaßt. So gelingt es Boris Becker, seine Architekturmotive aus der Ruhelosigkeit des Alltags zu lösen und in Momentaufnahmen beredten Innehaltens zu verwandeln.

Boris Becker
o. T. (Reparaturbrücke)
C-Print
162 cm x 205 cm
1995

Karl Blossfeldt

1865	geboren in Schielo, Harz
1884–1986	zeichnerisches Grundstudium an der Kunstgewerbeschule Berlin
1890	Aufenthalt in Rom als Assistent von Moritz Meurer, Sammlung pflanzlichen Materials und Beginn der fotografischen Dokumentation
1898	Assistent des Direktors an der Kunstgewerbeschule Berlin
seit 1921	Professur an der Kunstgewerbeschule Berlin
1926	erste Ausstellung und Publikation der Pflanzenbilder
1928	erste Auflage des von Nierendorf herausgegebenen Bandes „Urformen der Kunst"
1932	gestorben in Berlin

„Aber die Pflanze verfällt nie in nur nüchterne Sachlichkeitsgestaltung; sie formt und bildet nach Logik und Zweckmäßigkeit und zwingt mit Urgewalt alles zu höchster künstlerischer Form." (Karl Blossfeldt, 1932)

Über dreißig Jahre lang hat Karl Blossfeldt einzelne Pflanzenteile vor neutralem Hintergrund fotografiert. Diese ungewöhnlichen Aufnahmen, die in den Jahren zwischen 1890 und 1930 entstehen, geben mit einzigartiger Genauigkeit Einblick in die europäische Flora. Blossfeldts systematisches Vorgehen entspricht keinem künstlerischen Konzept. Vielmehr sind sie Teil eines pädagogischen Lehrplans. Seine ersten Fotografien in diesem Zusammenhang macht Blossfeldt zwischen 1890 und 1899 in Italien. Später dienen sie den Studenten der Kunstgewerbeschule in Berlin als Zeichenvorlagen. Ab 1899 arbeitet Blossfeldt als Dozent für das Modellieren nach Pflanzen an der Berliner Kunstgewerbeschule. Später erhält er hier eine Professur, der er bis 1930 nachgeht.

Karl Blossfeldt wächst auf dem Land auf. Tiere und Pflanzen inspirieren ihn bereits als Kind zu Zeichnungen und Plastiken. Nach wenigen Studiensemestern in Berlin und ersten Versuchen mit der Fotografie engagiert ihn sein Lehrer Moritz Meurer als Assistent. Meurer schlägt ein großes Mappenwerk als Modellsammlung vor, das die Studenten mit Hilfe von ornamentalen Mustern aus der Natur schulen soll. Zur Herstellung dieses Vorlagenwerks läßt er sich mit sechs Assistenten, darunter Karl Blossfeldt, 1890 in Rom nieder. Die gesammelten Pflanzen werden, statt in der freien Natur, als Präparate im Labor aufgenommen. Extreme Vergrößerungen und leichte Manipulationen verdeutlichen, stets vor neutralen Hintergrund gestellt, die charakteristische Struktur eines jeden Exemplars.

Blossfeldts Fotografien helfen der Industrie, ästhetisch befriedigende und möglichst ökonomische Herstellungsverfahren zu entwickeln. Erst Mitte der 20er Jahre findet der Kunstcharakter seiner Bilder Beachtung. Einer ersten Ausstellung in der Galerie Nierendorf folgen mehrere Publikationen. Unter dem Eindruck von Blossfeldts Fotografien entsteht in den 20er Jahren der Begriff der „Neuen Sachlichkeit". Sein geradezu wissenschaftliches Vorgehen hat den fotografischen Blick der nachfolgenden Generationen bis heute stark geprägt.

Karl Blossfeldt
„Delphinium spec." (5fach vergrößert)
aus „Urformen der Kunst I"
High Density Multiple Pigment Print
50 cm x 40 cm
ca. 1922

Karl Blossfeldt
„Eryngium bugatii" (5fach vergrößert)
aus „Urformen der Kunst I"
High Density Multiple Pigment Print
50 cm x 40 cm
ca. 1922

Karl Blossfeldt
„Blumenbachia" (18fach vergrößert)
aus „Urformen der Kunst I"
High Density Multiple Pigment Print
50 cm x 40 cm
ca. 1922

Karl Blossfeldt
„Cucurbita"
aus „Urformen der Kunst I"
High Density Multiple Pigment Print
50 cm x 40 cm
ca. 1922

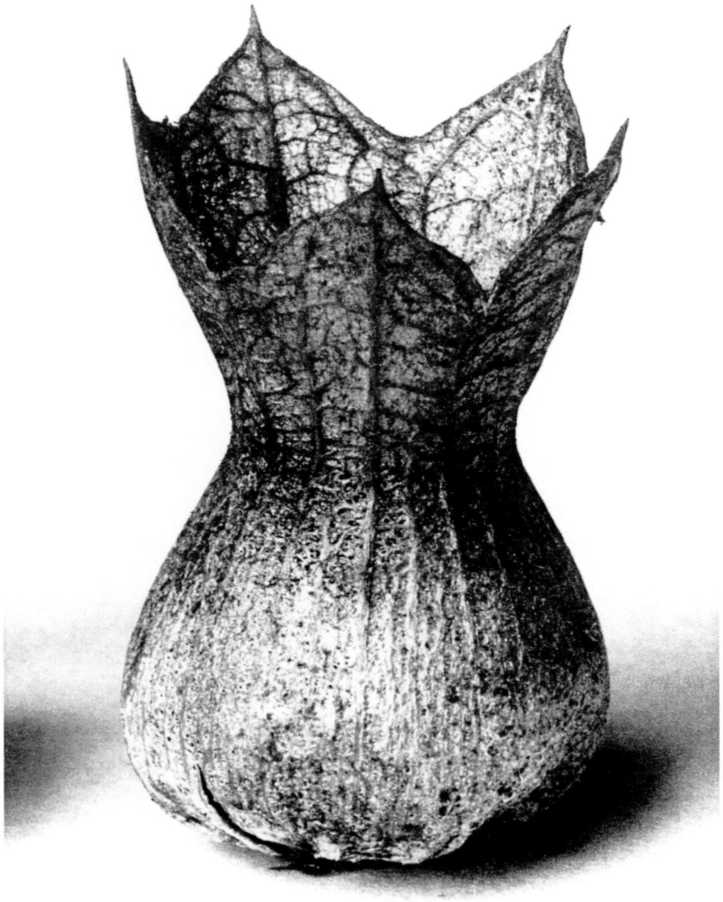

Karl Blossfeldt
„Hyoscamus niger" (15fach vergrößert)
aus „Urformen der Kunst I"
High Density Multiple Pigment Print
50 cm x 40 cm
ca. 1922

Karl Blossfeldt
„Acanthus mollis"
aus „Urformen der Kunst I"
High Density Multiple Pigment Print
50 cm x 40 cm
ca. 1922

Daniel Buren

1938	geboren in Boulogne sur Seine
seit 1965	Reduktion seiner Malerei auf Grundstrukturen
1969	Arbeiten mit Streifen im Stadtraum von Paris
1971	Ausstellung im Guggenheim Museum New York
1976	als DAAD-Stipendiat in Berlin
1979–1980	Gastprofessur an der Kunstakademie Düsseldorf
1996	Ausstellung in der Kunstsammlung Nordrhein-Westfalen, Düsseldorf
	Daniel Buren lebt in Paris

Seit Sommer 1997 bestimmen weiße Streifen auf farbigen Wänden die Optik des Kasinos der IKB. Sie ziehen sich bis in die Eingangshalle und über die Treppenstufen ins Foyer im ersten Obergeschoß. Installative Kunstwerke wie diese sind an ihren Ort gebunden. Hier entstehen sie und hier werden sie betrachtet. Im Gegensatz zur Leinwandmalerei ist eine solchermaßen architekturgebundene Kunst auf Dauer an einen festen Kontext gekoppelt. Bewußt verknüpft Daniel Buren Atelier und Ausstellungsraum. Beides wird in seinem Werk öffentlich. Das Konzept, das er seit Mitte der 60er Jahre verfolgt, ersetzt Malstil und persönlichen Duktus durch stereotype Streifenzonen. Burens „Bilder" sagen nichts aus über die sichtbare Welt oder über die Befindlichkeit des Künstlers. Sie verkünden keine Botschaft und erzeugen keine Illusion. Sie sind, was sie sind: Streifen auf Wänden. Und doch markieren sie den Ort ihrer Entstehung und verändern dessen räumliche Wirkung allein durch ihre Farbwirkung. Burens Streifen zeigen, daß Malerei nichts als Farbe auf planer Fläche ist. Um diese Tatsache offenzulegen, läßt der Künstler neben jedem aufgetragenen Farbstreifen ein Feld frei. So wird der nackte Bildträger sichtbar.

Buren geht es in seinen Arbeiten um Wahrheit und Authentizität. Sein Werk bleibt stets durchschaubar. Es stellt den Warencharakter autonomer Bilder und Plastiken als Tauschobjekt in Frage.

Seit einigen Jahren integriert der Künstler Spiegel in seine Installationen. Der Blick kann in diese Spiegel nicht eindringen. Er wird zurückgeworfen. Alles, was das Auge sieht, ist Reflexion. Und doch zeigen Spiegel die Dinge anders als sie sind. Je nach Standort eröffnen sich unterschiedliche Blickwinkel. Spiegel erweitern das Blickfeld, man kann hinter die Dinge sehen, man kann sie durchschauen.

In Daniel Burens Arbeiten wird nicht die Kunst, sondern der Betrachter als autonomes Objekt aufgefaßt. Burens Installationen öffnen ihm den Blick, statt ihn mit Themen zu blenden oder zu bevormunden. So wird der Mensch als eigenständig denkender und reflektierender Betrachter ins Werk integriert. Unter wechselnden Tagesbedingungen und von wechselnden Standorten aus, erschafft der Betrachter das Kunstwerk immer wieder neu. Burens Kunst erwartet keine Antworten. Sie regt den Betrachter vielmehr dazu an, in seiner Verlorenheit und Irritation Fragen zu stellen.

Daniel Buren
Raum-Installation
Kasino, IKB Düsseldorf
1997

Daniel Buren
Raum-Installation
Foyer, IKB Düsseldorf
1997

Frank Darius

1963	geboren in Berlin
1989	Abschluß als Fotograf an der Handwerkskammer Hannover
1993	Einzelausstellung „Fremdes Zuhause", Berlin, Bombay, Dresden
	„Deutscher Fotograf des Jahres", Kodak AG
1994	„Goldene Kamera des Jahres", Kodak AG
1995	„Fotofeis", Einzelausstellung in Glasgow
	„Deutschland erotisch", Einzelausstellung im Museum für Kunst und Gewerbe Hamburg
	Frank Darius lebt in Berlin und Köln

Frank Darius widmet seine Fotografien unserem alltäglichen Blickfeld. Ein Holzgerüst mit Schaukel steht vor einem Jägerzaun. Im Hintergrund wird Maschendraht im Dunst eines Regentages sichtbar. Dahinter scheint sich eine weite Landschaft zu öffnen. Oder: Ein Baumgestrüpp mit Frühlingsknospen, hinter dem ein vorbeifahrender S-Bahn-Zug vor einer Häuserreihe erscheint.

Die Bilder sind klassisch durchkomponiert mit Vorder-, Mittel- und Hintergrund. Sie porträtieren ihren Gegenstand in seiner breitesten Ausdehnung und sind durch die gegebenen Witterungsbedingungen atmosphärisch aufgeladen.

Darius arbeitet aus einer romantischen Grundhaltung heraus, die einem konzeptionellen Ansatz folgt. Was er dem Betrachter anbietet, sind Szenarien, die unseren Grundbedürfnissen nach Freizeit, Geborgenheit und Fortbewegung entsprechen, aber im Kontrast zu ihrem landschaftlichen Umfeld stehen. Deutlich wird der hilflose Versuch, Natur und Fortschritt im Stadtraum zu vereinen. Zudem werden die Erwartungen des Betrachters enttäuscht. Die Schaukel steht verwaist in einem von der Natur abgegrenzten Freiraum. Der Regen macht das Spielgerät funktionslos. Kein Kind, das hier bei diesem Wetter spielt. Der Eisenbahnzug gerät durch die lange Belichtungszeit als gelbroter Schweif ins Bild und kann nur vage hinter den Bäumen wahrgenommen werden.

In den meisten seiner Fotografien arbeitet Frank Darius mit starken Unschärfen, die durch Distanz oder Bewegung hervorgerufen werden und eine malerische Komponente des fließenden Übergangs ins Bild bringen. Damit unterscheidet sich seine Kunst von der enzyklopädischen Fotografie der Becher-Schule, aus der sie theoretisch hervorgegangen ist.

Frank Darius
„Schaukel, gelb"
C-Print
100 cm x 140 cm
1997

Frank Darius
„S-Bahn"
C-Print
78 cm x 103 cm
1997

Jan Dibbets

1941	geboren in Weert, Niederlande
1959–1963	Studium an der Kunstakademie Tilburg
1967	Studium an der St. Martin's School of Art, London
1967	Gründung des „International Institute for Reeducation of Artists" mit Ger van Elk und Reinier Lucassen
1969	Einzelausstellung im Haus Lange, Krefeld
1972	Ausstellung im Niederländischen Pavillon auf der Biennale in Venedig
1972–1982	Teilnahme an der documenta V, VI , VII in Kassel
1989	Einzelausstellung im van Abbe Museum, Eindhoven
1997	Einzelausstellung in der Städtischen Galerie Chemnitz
	Professur an der Kunstakademie Düsseldorf
	Jan Dibbets lebt in Amsterdam und in San Casciano

Der niederländische Fotograf Jan Dibbets interessiert sich seit den frühen 70er Jahren für das Thema Bild und Konstruktion. Bereits als Kind lernt er im Rijksmuseum in Amsterdam die niederländische Malerei des 17. Jahrhunderts mit ihren extremen Tiefenräumen kennen. Besonders schätzt er Rembrandt und Saenredam. Seit dem Studium dominiert Piet Mondrian sein geometrisch-künstlerisches Denken. Der leere, perspektivisch sich verjüngende Raum im Inneren wie in der Natur fasziniert ihn als Wahrnehmungsmodell.

Mit Carl André und Sol Lewitt gehört Jan Dibbets zu den Protagonisten der „minimal art" und damit zu den Verfechtern einer konsequent konstruktiven Haltung.

Ohne großen technischen Aufwand fotografiert Dibbets Landschaften, sakrale oder weltliche Innenräume und Fassaden von herausragenden Architekturdenkmälern. Daraus isoliert er in extremer Untersicht Fenster, Kuppeln oder Gewölbe. Ruhige Wandflächen in Graublau, Grau oder Braun bieten den gemalten, monochromen Fond, aus dem sich in Schrägansicht runde, ovale oder rechteckige Fenster öffnen. Diese geometrischen Fensteröffnungen lassen den Blick von innen nach außen in die Unendlichkeit des Himmels frei, der nur hier und da von Baumwipfeln abgelenkt wird. Etwas Erhaben-Sakrales und Wissenschaftlich-Steriles zugleich vermitteln die Fotocollagen von Dibbets. Sie geben dem extrem verkürzten Tiefenraum einen architektonischen Rahmen. Fünf Jahrhunderte gemalter Illusionsperspektive bilden die Basis für eine solche künstlerische Auseinandersetzung.

In anderen Serien „korrigiert" Dibbets die Perspektive flächiger Landschafts- oder Architekturausschnitte durch Fotomontage. Die Einzelaufnahme gerät in einen Gesamtzusammenhang, der ihren Illusionismus durch Reihung relativiert. Als „Perspektive Korrektur" sind nicht nur einige frühe Arbeiten aus den 60er Jahren benannt. Vielmehr beschreibt dieser Begriff ein Grundanliegen des Künstlers: durch Perspektivverschiebung – extremer Standpunkt des Betrachters und Multiplikation des Panoramabildes mit sphärischem Krümmungswinkel – unseren Blick auf die Wirklichkeit und damit unsere Wahrnehmungsweisen zu hinterfragen.

Als Jan Dibbets 1979 in Hamburg der Rembrandt-Preis verliehen wird, nennt er in einer kurzen Ansprache die Ahnen seiner von geometrischen Systemen bestimmten Kunst: Giotto, Jan van Eyck, Piero della Francesca, Mantegna, Domenico Veneziano, Antonello da Messina, Paolo Uccello, Ruisdal, Vermeer, Saenredam, Ingres, Caspar David Friedrich, Cézanne, Picasso, Léger, Matisse, Brancusi und Mondrian.

Jan Dibbets
„I Amsterdam, Round Lutheran Church 1984"
aus der Serie „Ten Cupolas"
Abzug auf Kodak Ektacolor Ultra II-Papier
60 cm x 60 cm
1999

Jan Dibbets
„III Cortona, Madonna del Calcinaio 1988"
aus der Serie „Ten Cupolas"
Abzug auf Kodak Ektacolor Ultra II-Papier
60 cm x 60 cm
1999

Jan Dibbets
„VII Montepulciano, San Biagio 1987“
aus der Serie „Ten Cupolas“
Abzug auf Kodak Ektacolor Ultra II-Papier
60 cm x 60 cm
1999

Jörg Eberhardt

1956	geboren in Bad Waldsee
1975–1982	Studium an der Kunstakademie Düsseldorf
1981	Meisterschüler bei Alfonso Hüppi
1984	Stipendium der Kunststiftung Baden-Württemberg
	Max-Ernst-Stipendium der Stadt Brühl
1989	Villa-Romana-Preis
1992	Gastatelier in der Villa Romana, Florenz
1991–1994	Lehrauftrag an der Kunstakademie Düsseldorf
1995	Gastatelier in der Cité des Arts, Paris
	Jörg Eberhardt lebt in Düsseldorf

Auf einer Reise in die Niederlande besucht Jörg Eberhardt Mitte der 80er Jahre das berühmte Rietveld-Haus „Schröder" in Utrecht. Die langjährige Bewohnerin des 1924 errichteten Gebäudes hatte ihr Heim mit Dingen des täglichen Lebens vollgestellt, die nicht dem strengen Diktat aus Grundfarben und rechten Winkeln gehorchen, die Gerriet Rietveld ursprünglich für diese De-Stijl-Villa vorgesehen hatte. Über die Jahrzehnte sind Andenken an eine Reise, Geschenke aus fernen Ländern, Erinnerungsstücke an die Familie und alle möglichen anderen Utensilien zusammengekommen. Orientteppiche, Zinnvasen und Möbel aus verschiedenen Epochen haben sich angesammelt. Jetzt steht das ganz persönliche Hab und Gut der alten Dame im Kontrast zu den strengen Stilvorstellungen des Architekten, der Haus und Mobiliar als Einheit geplant hatte.

Das Rietveld-Haus in Utrecht stellt ein Schlüsselerlebnis im Werk Jörg Eberhardts dar. Ihn beeindruckt bei seiner Visite vor allem das Zusammenhanglose, das ein Leben beschreibt. Wie kann man noch an eine Malerei glauben, die Zusammenhänge konstruiert, die nicht dem tatsächlichen Leben entspricht? Nicht das Ideal, sondern die Realität interessieren ihn, nicht die komponierte Geschichte, sondern das Durcheinander von Eindrücken, das den Alltag begleitet.

Jörg Eberhardt beginnt, Raumkuben zu malen, in die hinein er sein Inventar stellt: Kamera, Computer, Faxgerät, Lampen, Vasen, Tische, Stühle, Tassen, Gläser, Bilder. Im Schattenriß versammelt er ein Repertoire, wie es einer beliebigen wohnlichen Umgebung entnommen sein könnte. Mittels Overheadprojektion wirft er dieses selbst gezeichnete Mobiliar auf die Leinwand und gruppiert die Dinge in verschiedene Sphären der Realistik. Dadurch entsteht ein komplexes Nebeneinander von Formen und Zeiten.

Eberhardts Leinwände haben keinen Leitfaden. Aus den dargestellten Gegenständen läßt sich kein logischer Zusammenhang konstruieren. Seine Bilder gleichen einer Erzählung ohne Syntax. Sie geben Stichworte, die der Tage Lauf zusammenträgt. Dabei treten einige Dinge – wie etwa der Rietveld-Stuhl von 1925, ein Projektor aus den 60er Jahren oder eine Staffelei – mehrfarbig auf, während andere Dinge als Schemen dargestellt werden, die der Wirklichkeit entrinnen und nur noch unbunt wie im Traum erscheinen.

Jörg Eberhardts Bilder huldigen dem „normalen Leben" und nicht dem Arrangement eines „Life-Style".

Jörg Eberhardt
„Belgische Autobahn“
Öl auf Leinwand
50 cm x 200 cm
1990

Jörg Eberhardt
„Am Anfang (Schluß)"
Kunstharz auf Nessel
270 cm x 260 cm
1996

Jörg Eberhardt
„Schwäche, Schweigen, Stärke"
Kunstharz auf Nessel
270 cm x 260 cm
1996

Rupprecht Geiger

1908	geboren als Sohn des Malers Willi Geiger in München
1926	Studium an der Kunstgewerbeschule München
1933	Architekturstudium an der Staatsbauschule München
1944	Aufenthalt in Griechenland
1949	Mitbegründer der Künstlergruppe Zen 49 in München
1962	Aufgabe des Architekturberufs zugunsten der Malerei
1965–1976	Professur an der Kunstakademie Düsseldorf
	Rupprecht Geiger lebt in München

Während seines Architekturstudiums in den 30er Jahren beschäftigt sich Rupprecht Geiger mit den geometrischen Formen italienischer Renaissancefassaden. Die klaren, gebauten Strukturen schlagen sich nach dem Zweiten Weltkrieg in seiner Farbfeldmalerei nieder. Im Laufe der Zeit tendiert sie mehr und mehr zum Rot. Einem Rot, das ihn als Kind zutiefst beeindruckt beim Anblick der Fahnen der Münchener Räterepublik. Später erinnert er sich an eine Frau, die mit ihrer roten Jacke 1945 einen Funken Hoffnung in das Grau der Trümmerstadt trägt. Wesentlich für Geigers Isolierung des Rot als abstraktem Farbwert sind zudem die großartigen Sonnenuntergänge, die er während des Zweiten Weltkrieges als Soldat über den Weiten der russischen Landschaft erlebt. Doch nicht nur persönliche Eindrücke verarbeitet er in seiner Malerei, sondern auch die buddhistischen Lehren des Fernen Ostens, die sein Denken prägen. Graf Dürkheim, ein väterlicher Freund im Elternhaus, hatte sich speziell dem Zen-Buddhismus gewidmet. Rupprecht Geiger nimmt an den Gesprächen teil. So wird ihm als Heranwachsendem eine fremde Welt vertraut.

Geigers Ton-in-Ton-Malerei, die er in den 60er und 70er Jahren auch grafisch umsetzt, vermeidet alles Handschriftliche und Subjektiv-Bewegte. Daher verzichtet er auch auf Titel, die die Assoziation lenken könnten. Durch nachträgliches Bürsten der Maloberfläche tilgt er sogar sämtliche Pinselspuren. Geiger geht es in seinen Bildern um die geistige Energie der Farbe in Verbindung mit der Unendlichkeit des Landschaftsraumes. Seine Farbmeditationen beziehen sich auf die Kompositionsprinzipien der Leere, die zur Darstellung von geistiger Klarheit in der ostasiatischen Malerei seit dem 15. Jahrhundert geübt werden.

„Die Welt schreit nach Erneuerung oder Untergang. Die Abkehr vom Gegenständlichen, der Ekel vor den Dingen, die auf den Menschen bezogen sind, hat seinen tiefen Grund. Diese Menschheit hat sich zutiefst verdächtig gemacht. (...) Wir müssen wieder bescheiden werden, ganz aus den Anfängen kommen, entsagen, ganz unpathetisch sein und sogar unpersönlich sein. Die Form muß noch einfacher, bescheidener werden und dabei von inbrünstiger Liebe zur Farbmaterie zurück bis zur schüchternen Aussage. Aber mit großer Innigkeit der Empfindung muß es gesagt sein. Religion im Sinne der Dankbarkeit zur Schöpfung." (Rupprecht Geiger, Tagebuch, 1949)

Rupprecht Geiger
o. T.
Farbsiebdruck auf Karton
60 cm x 60 cm
1971

Rupprecht Geiger
o. T.
Farbsiebdruck auf Karton
60 cm x 60 cm
1971

Richard Gessner

1894	geboren in Augsburg
1913	Studium an der Königlichen Kunstakademie Düsseldorf
1917	Kriegsmaler bei der Heeresgruppe von Bülow in Üsküb
1918–1919	Mitglied der Klasse Max Clarenbach und Gründungsmitglied der Künstlergruppe „Neues Rheinland"
1924–1926	ausgedehnte Paris-Aufenthalte
1928	Einzelausstellung bei Alfred Flechtheim in Düsseldorf
1940–1941	Studienaufenthalte in Wasserburg am Inn
1945	nach der Evakuierung Rückkehr nach Düsseldorf Freundschaft mit Ewald Mataré
1951–1980	regelmäßige Teilnahme an den Ausstellungen „Verein Düsseldorfer Künstler"
1955–1980	zahlreiche Studienreisen ins Ausland
1989	gestorben in Düsseldorf

Richard Gessner porträtiert als Industriemaler zwischen den beiden Weltkriegen Hochöfen, Fördertürme und Produktionsanlagen im Ruhrgebiet, die nüchtern und flüssig in ihrer Malweise auf alles Anekdotische verzichten. In ihrer gebauten Komposition sind sie weit mehr als platte Wiedergaben einer von Rauch und Technik verbrauchten Landschaft. Gessner bringt Bewunderung und Kritik gegenüber dem technischen Fortschritt zum Ausdruck. Beides hält sich in seinem Werk die Waage, ohne daß er eindeutig Stellung bezieht. Die Auseinandersetzung mit der Realität seiner Wahlheimat bleibt ihm stets ein malerisches Anliegen, das weder sozialkritisch noch von revolutionär avantgardistischer Formensprache geprägt ist. Nicht einmal während der Jahre geistig-künstlerischer Bevormundung durch die Nationalsozialisten engagiert sich der Maler vernehmbar in der politischen Opposition. Und doch wird Richard Gessner von seinen Zeitgenossen als allen neuen Richtungen und Stilen gegenüber offener, liberaler und besonders warmherziger Mensch geschildert. So halten seine Bilder, wie Karl Ruhrberg ausführt, immer auf Distanz: „Sie stellen dar, aber sie kommentieren nicht."

Nach dem Zweiten Weltkrieg führen zahlreiche Studienreisen Gessner nach Spanien. Hier hellt sich seine Palette deutlich auf. Nun sind es die Küsten und Berglandschaften, denen er sich vor Ort widmet. Die beiden Gouachen „Tal bei Serra" und „Hafen von Benidorm" gehören dieser ersten, frischen Phase in der Auseinandersetzung mit der südlichen Landschaft an. Summarisch, aber nicht abstrakt, von hellen und dunklen Farbkontrasten getragen, aber nicht expressiv, gewachsen und konstruiert, heiter und zugleich streng leben Gessners späte Bilder vom Dualismus zwischen Vision und Wirklichkeit.

Richard Gessner
„Hafen von Benidorm“
Gouache auf Papier
50 cm x 63 cm

Richard Gessner
„Tal bei Serra“
Gouache auf Papier
49 cm x 71 cm
1957

Gotthard Graubner

1930	geboren in Erlbach, Vogtland
1947	Studium an der Hochschule der Künste Berlin
1948–1952	Studium an der Kunstakademie Dresden
1954–1959	Studium an der Kunstakademie Düsseldorf
1958	Ausstellung mit der ZERO-Gruppe in Düsseldorf
1963	erste „Kissenbilder"
1968	erste „Nebelräume"
1969–1995	Professur an der Hochschule für Bildende Künste Hamburg
1971	erste „Farbraumkörper"
seit 1976	Professur an der Kunstakademie Düsseldorf
	Gotthard Graubner lebt auf der „Museumsinsel Hombroich" bei Neuss

„Der Künstler sucht sich ein Stück Natur, das er, indem er es darstellt, aus dem Gesamtzusammenhang isoliert. Dieser Prozeß ist eine Art Selbstdarstellung, durch die objektive Erkenntnis möglich wird." (Gotthard Graubner, 1972)

Graubner löst ein Stück Himmelskörper und überführt das Spiel aus Feuer, Glut, Rauch und Wolken in ein gemaltes, aufgepolstertes Bild, das die Weichheit und das Elastische des Phänomens in die Realität des Ausstellungsraumes überträgt. Von Anfang an ist Graubners Malerei an asiatischen Philosophien der Leere, aber auch an der romantischen Malerei Caspar David Friedrichs und William Turners orientiert. Im Umfeld der Gruppe ZERO beschäftigt Graubner seit 1959 das Wahrnehmungsfeld der Farbe in ihrer irrationalen Wirkung.

Bei seinen „Farbraumkörpern" geht es Graubner „um die Farbe als um eine unmittelbare Anschauungswirklichkeit, die (er) aus den vorschematisierten und pragmatisch verordneten Verhaltensmechanismen befreit: Der Gegensatz zu den Zwängen der modernen, aufs rational Kalkulierbare gerichteten Lebenswelt ist unverkennbar." Farbräume sind Empfindungsräume, betont Max Imdahl. Sie stehen ganz im Gegensatz zur zentralperspektivischen Wirklichkeit.

Die Werke Graubners entziehen sich dem rationalen Blick. Seine elementaren Bilder verweigern sich jedweder gegenständlichen Verfestigung, und dies, obwohl sie selbst Objekt sind: Statt planer Leinwände spannt Graubner Farbhäute über gepolsterte Körper. So scheint Farbe organisch belebt und doch unfaßbar wie ein Lichtphänomen in der Natur. Eine ganze Generation deutscher Maler versuchte, wie Graubner in den 60er Jahren, den Boden traditioneller Bindungen in der Malerei zu verlassen und wertfreie Untersuchungen an verschiedenen Phänomenen der Natur vorzunehmen. „Diese Kunst", schreibt Dieter Honisch, „hat sich mehr mit dem Freiheitsgesichtspunkt als mit dem der Bedürfnisbefriedigung beschäftigt. (...) Das Ergebnis war nicht eine Deutsche Kunst, die man heute wieder rekonstruieren will, sondern eine von jeder Auflage freie Kunst."

Gotthard Graubner
„Farbraumkörper I und II - Rotes Diptychon"
Öl- und Acrylfarbe auf Leinwand und Synthetikwatte
je 200 cm x 200 cm
1990

Katharina Grosse

1961	geboren in Freiburg im Breisgau
1982–1986	Studium an der Kunstakademie Münster
1986–1990	Studium an der Kunstakademie Düsseldorf bei Gotthard Graubner
1992	Villa-Romana-Preis und Aufenthalt in Florenz
1993–1995	Karl-Schmidt-Rottluff-Stipendium
1994	Einzelausstellung im Alten Kunstmuseum Bonn
1995	Kunstfonds Bonn
1996	Galerie Conrads
1999	Ausstellung in der Alten Rotation Bonn
	Katharina Grosse lebt in Düsseldorf

„Das Erscheinen von Schönheit verursacht ebenso unmittelbar einen gewissen Grad von Liebe in uns, wie die Berührung von Eis oder Feuer die Ideen von Hitze oder Kälte hervorruft."
(Edmund Burke, 1757)

Katharina Grosse ist eine Malerin der großen, ruhigen Geste. Mit einfachen Quasten, die sie an Besenstiele montiert, trägt sie Schicht um Schicht lichte Farben auf monumentale Leinwände, auf Papierbahnen oder direkt auf den Putz der Wand auf. Ihr grobes Malwerkzeug schafft Distanz zum Malgrund und gibt ihr jederzeit den Überblick. Zugleich vergrößert sich dadurch die Spannweite ihrer Aktion: Katharina Grosses Pinselführung überträgt nicht nur die Bewegung der Hand, sondern gleich des ganzen Körpers auf die Leinwand. Ihr Farbauftrag schlägt sich nieder im Duktus ihrer Bewegungen, in der Vertikalen wie in der Horizontalen. Grosse diszipliniert ihre Gefühle, indem sie eine Handschrift vermeidet und nie führungslos ins Chaos innerer Befindlichkeit abfällt. Wenn sie Pinselstreif neben Pinselstreif, Schicht über Schicht setzt, entstehen senkrecht und waagerecht strukturierte Flächen, die allein auf die Wirkung der Farbinteraktionen vertrauen. An den Rändern bleiben Umkehrspuren sichtbar, oder die Farbzeilen brechen an den Kanten ab. Homogene und doch transparente Flächen bauen sich auf. Ihre Durchsichtigkeit erinnert an feine Lagen kühler Seidenstoffe, bei genauer Betrachtung entziehen sie sich aber jeder Benennung. Die Überlagerungen teilen den Bildraum in Rechteckfelder, deren lasierende Flächen Farbmultiplikationen bilden. Stets bleibt Fläche für Fläche sichtbar. Nichts ist verborgen, und nichts wird verschwiegen.

Katharina Grosse verleiht der Farbe Präsenz und überläßt sie ihrer räumlichen und psychischen Wirkung. Dabei greift sie zu kühlen und aggressiven Farbtönen, die nichts als sich selbst assoziieren. Ihr Signalrot oder Giftgrün kommen so nicht vor in der Natur. Ihre Farbuntersuchungen liegen quer zu allen Theorien, wie sie seit Newton und Goethe, seit Klee und Itten aufgestellt wurden. Ihre Farbpalette kennt kaum natürliche Vorbilder. Katharina Grosse hat sich so in der Malerei der Gegenwart ein eigenes Feld reiner Farbwirkung erobert.

Ihr Weg von der Akademiestudentin zu einer eigenständigen Künstlerpersönlichkeit war von der Anstrengung begleitet, Figuratives und Endgültiges Schritt für Schritt abzubauen. Ihre Bilder sind Behauptungen, die als vorläufiges Angebot vor Augen stehen. Ändert sich eine Komponente, so ändert sich die gesamte Anordnung der Farbkombination und -wirkung. Jeder neue Versuch fördert ein anderes Ergebnis zutage, das mit Geduld und Ausdauer gelesen werden will. Es bezeichnet ein Farb-Raum-Kontinuum, das sich durch kontinuierliche Umgruppierung ständig zwischen optisch-physikalischen Harmonien und Disharmonien bewegt und den Sinnen des Betrachters als pure Farbmalerei angenehm oder unangenehm begegnet.

Katharina Grosse
o. T.
Öl auf Leinwand
210 cm x 290 cm
1997

Katharina Grosse
o. T.
Öl auf Leinwand
250 cm x 300 cm
1997

Katharina Grosse
o. T.
Öl auf Leinwand
250 cm x 330 cm
1997

Nigel Hall

1943	geboren in Bristol, Großbritannien
1960–1964	Studium am West of England College of Art Bristol
1964–1967	Studium am Royal College of Art London
1967–1969	Harkness Stipendium Reisen durch die USA, Kanada und Mexiko
1971–1974	Lehrtätigkeit am Royal College of Art London
1977	Teilnahme an der documenta VI, Kassel
1974–1981	Lehrtätigkeit an der Chelsea School of Art London
1982–1999	Einzelausstellungen in der Kunsthalle Baden-Baden, in Düsseldorf und in London Nigel Hall lebt in London

Nigel Hall interessiert sich in seinen Zeichnungen und Plastiken für das Zusammenspiel von Volumen und Raum. Dabei werden Linien und Kanten als Entgrenzung und zugleich als Eingrenzung von Flächen begriffen. Das Auge des Betrachters übersetzt Dasjenige, was es sieht in Dasjenige, was es weiß. Hall irritiert den Verstand, indem er Dinge schafft, die unbekannt sind. Seine Plastiken arbeiten mit Leervolumina, die wie Vexierbilder eher Umrisse als Formen definieren.

Negativ und Positiv ergeben, wie Raum und Wände, einen vorläufigen Begriff von der sichtbaren Welt. Halls Plastiken gleichen dreidimensionalen Zeichnungen. Kante und Fläche treten innerhalb der Arbeit miteinander in eine paradoxe Beziehung. Seine Arbeiten spiegeln keine Dinge wieder, sondern gehen als Objekte in die Welt der Dinge ein. Sie bilden Analogien zur Realität und begreifen den Lauf der Welt als gegeben und als endlose Variation.

Nigel Hall
o. T.
Pastellkreide auf Papier
150 cm x 120 cm
1986

Nigel Hall
„Large Glacier"
Cortenstahl
300 cm x 234 cm x 107 cm
1991

Nigel Hall
„Large Glacier"
Cortenstahl
300 cm x 234 cm x 107 cm
1991

Ernst Hesse

1949	geboren in Düsseldorf
1976–1981	Studium an der Kunstakademie Düsseldorf bei Klaus Rinke und Erich Reusch
1980	Stipendium der Ernst-Poensgen-Stiftung
1990–1991	Lehrauftrag an der Universität von Osaka
1992	Stipendium Skulpturenpark am Albertussee, Düsseldorf
1993	Lehrauftrag an der Dokuz Eylül Universität in Izmir
	Einzelausstellung „Dialoge" im Städtischen Museum Haus Koekkoek Kleve
1993–1994	Lehrauftrag an der Marmara Universität in Istanbul
1998	Arbeitsaufenthalt in Japan
	Ernst Hesse lebt in Düsseldorf

Der Düsseldorfer Bildhauer Ernst Hesse bereichert die Sammlung der IKB mit drei großformatigen Zeichnungen, von denen eine als Triptychon eine ganze Wand füllt. Hesses Zeichnungen zeugen von einer besonderen räumlichen Sensibilität, die der Künstler in einer ersten Karriere als Innenarchitekt für sich entwickeln konnte. Wie viele seiner Bildhauerkollegen hat auch Hesse sein zeichnerisches Œuvre unabhängig von der dreidimensionalen Arbeit begonnen. Dennoch handelt es sich eindeutig um Bildhauerzeichnungen. Die Formen erscheinen klar umrissen. Sie wirken wie geometrische Objekte aus Glas und Stahl. Linien schließen Formen ein oder aus. Perspektivisch deuten sie Volumina und Schatten an. Befreit vom Gewicht der realen Plastik gelingt es ihm in den Zeichnungen, kleine und große Einheiten, grau-verschattete oder signalrotgefärbte Objekte losgelöst miteinander zu kombinieren. Sie erscheinen entrückt oder dominant im Vordergrund eines ortlosen Raumes. Nicht nur die Eindeutigkeit der Formen und ihre Dynamik, die durch Schrägaufsicht entstehen, zeugen vom Blick des Bildhauers. Auch die Größe der Papierflächen deutet auf den selbstverständlichen Umgang des Künstlers mit großen Formaten.

Ernst Hesse erschafft in seinen abstrakten Zeichnungen ein eigenes Planetensystem. Das Linearment könnte als Schnittmuster für unbekannte Objekte gelesen werden. Die dargestellten Formeinheiten wirken kalkuliert. Und doch ergeben sie keinen Sinn, da sie sich jeder eindeutigen Beschreibung entziehen. Auf einer präverbalen Ebene suchen die geometrischen Gebilde den Dialog mit dem Betrachter.

Ernst Hesse
o. T.
aus der Werkgruppe „Dialoge"
(Howaldts Werke, Deutsche Werft AG, Kiel)
Abzüge auf Silbergelantine, solarisiert
60 cm x 80 cm
1993 – 1994

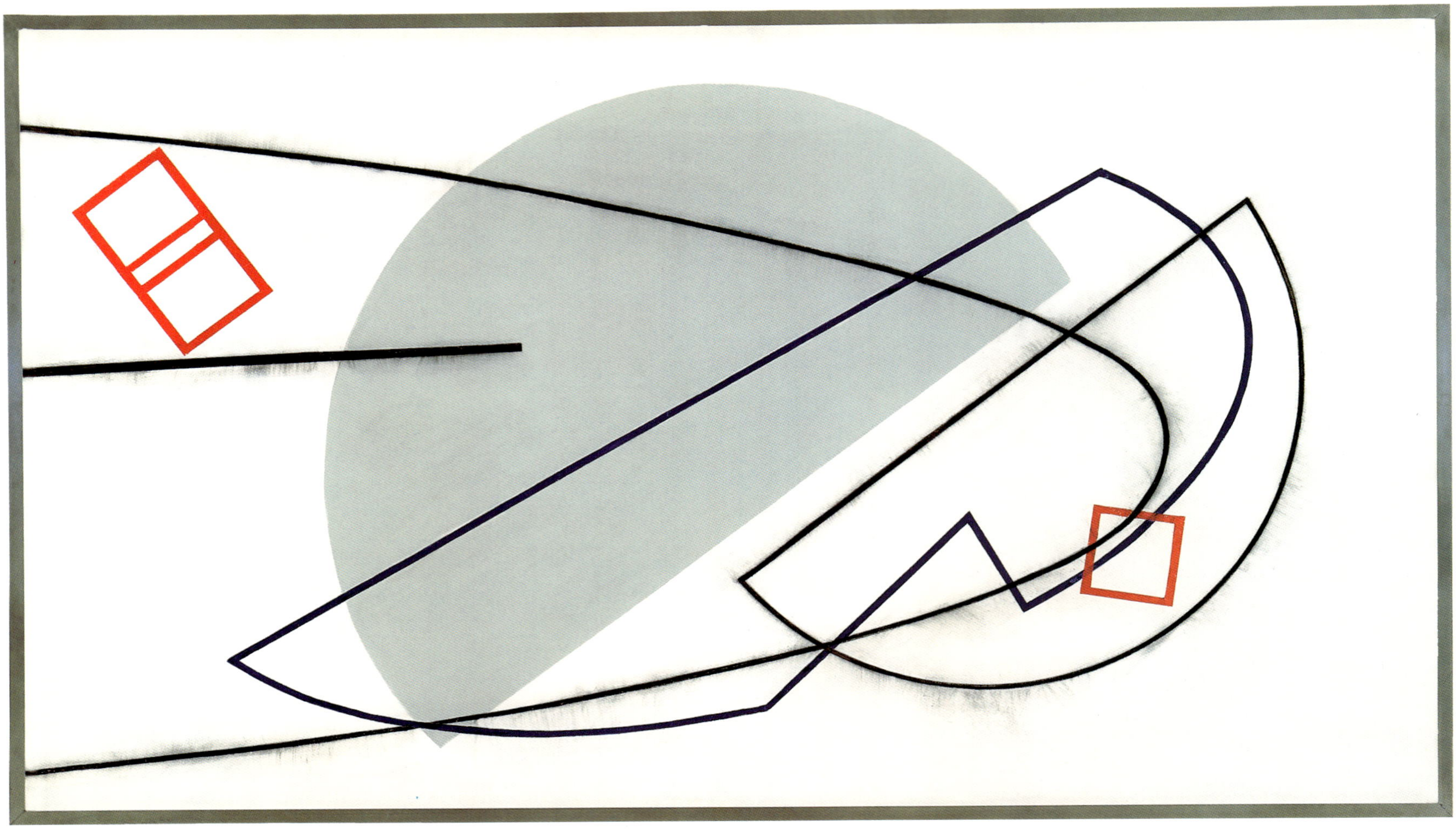

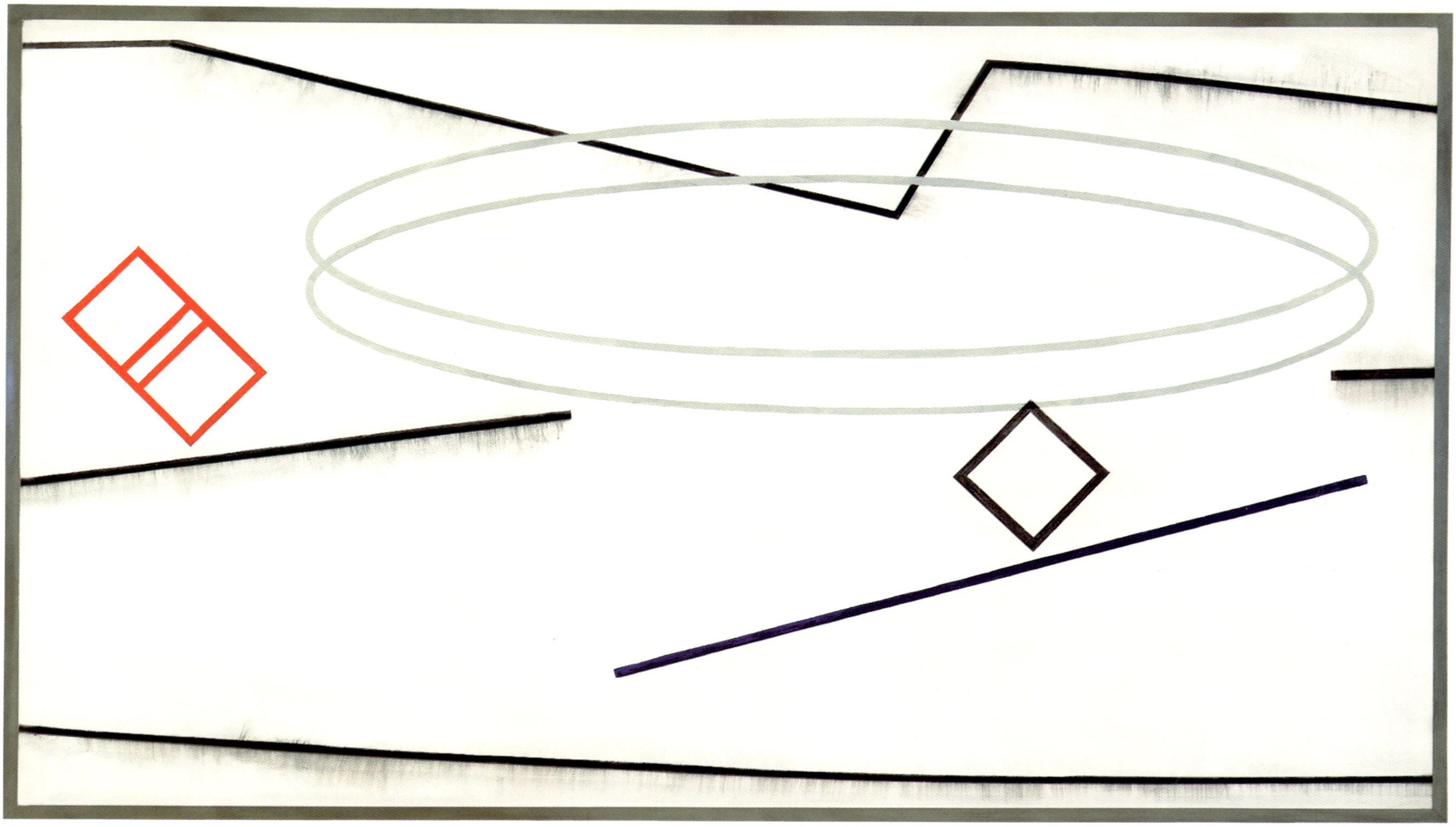

Thomas Huber

1955	geboren in Zürich
1977–1978	Studium an der Kunstgewerbeschule Basel
1979	Studium am Royal College of Art in London
1980–1981	Studium an der Kunstakademie Düsseldorf bei Fritz Schwegler
1992	Professur an der Hochschule der Künste Braunschweig
	Thomas Huber lebt in Mettmann bei Düsseldorf

„Bilder und Häuser wecken in mir das gleiche Interesse: Ich schaue sie gerne an. Ich weiß nicht, was ich lieber anschaue, Häuser oder Bilder. Manchmal glaube ich, Bilder und Häuser sind mir wie eins." (Thomas Huber, 1998)

Thomas Hubers Ansicht eines fensterlosen Gebäudes vor Hügellandschaft mit der Aufschrift „Charité" ist konzipiert als Teil seines Projektes „Schauplatz". Zum ersten Mal vorgestellt wird es 1998 im Düsseldorfer Kunstverein. Huber zeigt hier die Projektion einer Idealstadt, die er am Computer entwirft. Den Computerausdruck präsentiert er auf einer 180° gewölbten, haushohen Panoramawand. Die Bezeichnung „Schauplatz" ist doppeldeutig zu verstehen: das Museum einerseits als Ort der Schaulust und andererseits als öffentlicher Raum, als Stadt, in der sich das Leben abspielt. Für seine imaginäre Stadt, die von vornherein als Fiktion und ohne Anspruch auf Realisierung konzipiert ist, baut Huber 31 Gebäude: Theater, Bibliothek, Beinhaus, etc. – „Charité" erscheint weit außerhalb im Hintergrund.

Nach Raimund Steckers Interpretation oszilliert Hubers Kunst zwischen dem Vorgestellten, dem Bild, und dem Vorstellbaren, der utopischen Idee. Der Betrachter wird zum Eintreten und zum Verweilen zwischen den räumlich gestaffelten Gebäudeabbildern eingeladen. So kann er den Künstler, der selbst gern durch Städte spaziert und sich das Wohnen in den fremden Häusern vorstellt, gewissermaßen begleiten.

Per Internet ist Hubers Kunst als digitale Datensammlung verfügbar. In der virtuellen Realität kann jeder Betrachter die Idealstadt betreten und auch individuell umgestalten.

Darstellungen von Idealstädten haben in der Kunstgeschichte Tradition. Doch während die historischen Zukunftsprojektionen mit dem Pinsel oder mit dem Zeichenstift gemalt und insofern konkret sind, ist Hubers Computerentwurf solange immateriell, bis er ausgedruckt wird. Indem sie zur visuellen Interaktion auffordert, erlangt die Kunst in der digitalen Wirklichkeit eine ganz neue Form von Öffentlichkeit: beliebig viele Reproduktionen und Bildmanipulationen sind möglich.

Thomas Hubers Siebdruck entspricht einem Zeitschnitt, den er mit seiner Unterschrift autorisiert und damit erst zum eigenhändigen Kunstwerk erklärt.

Thomas Huber
„Charité"
Siebdruck
64 cm x 84 cm
1998

Jörg Immendorff

1945	geboren in Bleckede bei Lüneburg
1963–1964	Studium Theaterdesign an der Kunstakademie Düsseldorf bei Teo Otto
1964–1970	Studium an der Kunstakademie Düsseldorf bei Joseph Beuys
1971–1980	Grundschullehrer in Düsseldorf
1977	Beginn der Zusammenarbeit mit A. R. Penck
1981–1985	Gastprofessuren in Stockholm, Hamburg, Zürich, Trondheim und München
seit 1989	Professur an der Städelschule in Frankfurt am Main
seit 1997	Professur an der Kunstakademie Düsseldorf
	Jörg Immendorff lebt in Düsseldorf, Hamburg und Frankfurt

Jörg Immendorff stellt einen schreitenden Mann, der hoch über dem Kopf ein Hinweisschild schwingt, in den Mittelpunkt seiner kolorierten Lithografie. Im Hintergrund erscheint die Kulisse des Düsseldorfer Rathausplatzes mit dem Jan-Wellem-Denkmal. Dazwischen wird der Blick von knorrigen, alten Bäumen gerahmt. Der Künstler hat die Szene in dunkles Nachtblau getaucht. Allein die Konturen der kräftigen Gestalt, der Bäume und des Denkmals leuchten glühend gelb auf. Für den ehemaligen Bühnenkünstler, Politagitator und Historienmaler deutsch-deutscher Themen ist die Szene typisch. Gern stellt er eine einzelne Handlung in einen zusammenhanglosen, bühnenartigen Raum und lädt die Gesten mit energieglühenden Konturen auf, die ihnen zusätzliche Kraft verleihen.

Hier erscheint ein untersetzter Arbeiter in der Rolle eines kräftigen „Hammerschwingers", der in Wirklichkeit ein Schild entwurzelt hat, das ihm die eigene Richtung weist. Die Gestalt ist zum Aufbruch bereit, wie der Reiter auf dem Denkmal im Hintergrund. Vergangenheit, Gegenwart und Zukunft verzahnen sich im gestaffelten Raum zwischen Stadt, Natur und Produktionsraum, der durch die kräftige Hauptfigur – ein offensichtliches Selbstporträt des Künstlers – angedeutet wird.

Noch während seines Studiums an der Düsseldorfer Kunstakademie beteiligt sich Immendorff an verschiedenen neodadaistischen Aktionen unter dem Namen „Lidl". Er verfaßt Texte und malt propagandistische Bilder und Plakate im Stil des sozialistischen Realismus. 1977 trifft er A. R. Penck in Ost-Berlin. Ein Jahr später beginnt sich die deutsch-deutsche Begegnung in seinen „Café-Deutschland"-Bildern niederzuschlagen. Sie thematisieren die Geschichte des geteilten Landes und beziehen in scheinbarer Naivität politisch Stellung. Vor dem historischen Hintergrund versuchen sie, zwischen Leben und Tod, Inspiration und Sehnsucht die eigene Identität stets neu zu finden. Den Künstler Immendorff veranlaßt diese Suche zu einer Reihe von „Ich-Metamorphosen" (Siegfried Gohr), in die sich auch dieses Blatt einfügt.

Jörg Immendorff
„Stadtregen"
Lithografie, übermalt
50 cm x 40 cm
1997

Michael Irmer

1955	geboren in Duisburg
1972–1975	Lehre als Steinmetz
1978–1984	Studium an der Kunstakademie Düsseldorf bei Dieter Krieg, Gerhard Hoehme und Erwin Heerich
1982	Ausstellungsbeteiligung „Standort Düsseldorf"
seit 1984	regelmäßige Teilnahme an der „Großen Düsseldorfer Kunstausstellung"
1987	Ausstellung im Kunstverein Dortmund
1991	Ausstellung im Kunstverein Schwelm
1996	gestorben nach einem Autounfall

Ein Jahr nach dem plötzlichen Unfalltod des Künstlers wird 1997 im Eingangshof des Düsseldorfer IKB Gebäudes eine große Brunnenanlage von Michael Irmer eingeweiht. Der Maler und Bildhauer hatte sie noch selbst für diesen Ort konzipiert. Streng steht eine schmale, armlose Gestalt dem Betrachter überlebensgroß gegenüber. Entrückt erscheint sie mit ihrem hohen Sockel verschmolzen. Von einem Bronzegestänge gerahmt, wirkt sie wie in einer Vitrine aus Wasserschleiern geborgen. Die Figur mag eine Frau oder ein Mann sein. In der Nachfolge Alberto Giacomettis hat Irmer dem Geschöpf kein eindeutiges Geschlecht, keine Individualität verliehen. Die Figur steht für den Menschen schlechthin, aber auch für den Künstler, der in seiner Einsamkeit und Verletzlichkeit still und aufrecht ausharrt. Hinter dem kühlen Dunst feiner Wasserwände wird die stark in die Länge gezogene Gestalt unschärfer, unnahbarer und undurchschaubarer. Irmer selbst sprach mit den Worten seines Mentors Bernhard Schultze von „Schattenwesen zwischen Tag und Nacht".

Fast zwei Jahrzehnte lang widmete sich Irmer diesen gesichtslosen Wesen ohne Glieder, die er in mumienhaft erdiger Farbigkeit zuweilen mit den Händen auf die Leinwand auftrug und mitunter plastisch in den Raum fortsetzte. Sowohl in seinen Bildern als auch parallel dazu in seinen Plastiken suchte Irmer dem Schock des In-die-Welt-Geworfenseins Ausdruck zu verleihen. Seine anonymen Schattenfiguren stehen zwischen Werden und Vergehen, zwischen Geburt und Tod, zwischen Identitätsfindung und Verblassen der Persönlichkeit in der Erinnerung. Ähnlich ambivalent wirkt auch die dunkle Bronzegestalt des Brunnens, die angesichts des lebendig sprudelnden Wassers zugleich doch Zeichen des Vergänglichen ist.

Michael Irmer
o. T.
Gouache auf Papier
60 cm x 42 cm
1995

Michael Irmer
o. T.
Bronze
494 cm x 161 cm x 161 cm
1996

Ioan Jacob

1954	geboren in Rumänien
1975	Übersiedlung nach Deutschland
1977–1984	Studium an der Kunstakademie Düsseldorf bei Gotthard Graubner
1981	Förderpreis der Jürgen-Ponto-Stiftung
1982	Max-Ernst-Stipendium der Stadt Brühl
	Ioan Jacob lebt in Düsseldorf

„Der aus Rumänien stammende Künstler Ioan Jacob entwickelt bereits während seines Studiums an der Düsseldorfer Akademie eine Form des malerischen Symbolismus, dessen rätselhaft düstere Andeutungen zweifellos etwas Faszinierendes haben. Jacob erforscht die Welt des Unbestimmten, in der Menschen wie blühende Pflanzen, Blumen wie wehrhafte Riesen und Wälder wie weite Dome wirken. (...)

Ioan Jacob macht dem Betrachter die ganze Malerei erneut als eine raffinierte Sinnestäuschung bewußt. Er zeigt uns, daß wir zwanghaft bemüht sind, aus einem flachen, abstrakten Nebeneinander von Farbflecken etwas herauszulesen, das unseren Erfahrungen entspricht. Jacobs Kunst erzeugt Spannung, indem sie die Dinge letztlich im Vagen läßt. Zwar meint der Betrachter immer wieder, Bekanntes zu entdecken. Doch bei näherer Betrachtung entzieht es sich stets wieder dem erklärenden Zugriff. Es bleibt eine ungemein dichte, vielschichtige, kostbar schillernde Oberfläche, eine Malerei, die ihr Geheimnis bewahrt." (aus „Kunst und Kritik", 1995)

Ioan Jacob
o. T.
Wasserfarben auf Papier
56 cm x 38 cm
1997

Thomas Kessler

1956	geboren in Gelsenkirchen
1975–1981	Studium an der Kunstakademie Düsseldorf bei Erwin Heerich und Ernst Kaspar Studium der Germanistik und Philosophie an der Universität Düsseldorf
1981–1984	Studium an der Hochschule für Angewandte Kunst Wien
1986	Abschluß an der Kunstakademie Düsseldorf, Gründung eines Architekturbüros in Düsseldorf
1982–1997	Lehraufträge an der Universität Dortmund, Kunstakademie Düsseldorf, Fachhochschule Düsseldorf, ETH Zürich, Fachhochschule Dortmund
1998	Lehrauftrag an der Fachhochschule Detmold Thomas Kessler lebt in Düsseldorf

Wer das Atelier von Thomas Kessler betritt, taucht ein in ein Reich der Farbe: Töpfe, Tiegel und Tüten voll staubiger Pigmente sind im ganzen Raum verteilt. Überall deuten Farbspuren darauf hin, daß Kessler seine Leinwände und Tafeln am Boden liegend bearbeitet. Dabei verwendet der Architekt, Maler und Bildhauer keine herkömmlichen Techniken. Vielmehr traktiert er seine Werke mit bloßen Händen. Kessler reibt zunächst Wachs auf den Bildgrund, das er so dick aufträgt, bis es plastisch stehen bleibt und die Oberfläche dramatisch aufrauht. Dann massiert er Farbpigmente in das Wachs hinein. Auf diese Weise entstehen monochrome Farbflächen von hoher plastischer Intensität. Meist trennt ein schwarzer Streifen zwei Farbzonen.

Kesslers große Bildformate entsprechen etwa seiner eigenen Körpergröße mit erhobenen Armen. So treten die Tafeln dem Betrachter aufrecht und gestalthaft gegenüber. Eine „Sockelzone" beschwert die Tafeln optisch. Mit einem tieferen Farbton am unteren Bildrand vererdet Kessler gleichsam seine Werke, die große hellere Fläche im oberen Bildbereich verkörpert die Sphäre des Geistigen.

Haptische Momente spielen in den Bildern Kesslers eine ebenso große Rolle, wie die optischen Werte warmer Erdfarben. Kesslers Farbuntersuchungen gelten Harmonien reiner und gemischter Töne. Sie haben auch im kleinen Format, wie bei der „Cimabue"-Reihe, den Anspruch, handgefertigte, plastische Zitate zu sein, die einem Stück künstlerisch gestalteter Wandfläche entsprechen. Farbton und Bearbeitungsweise erinnern weitläufig an die Kunst des Cimabue, der Anfang des 14. Jahrhunderts die berühmten Fresken in San Francesco in Assisi schuf. Kesslers Wachs-Pigment-Technik reflektiert zudem das antike Malverfahren der Enkaustik. Bei diesem Verfahren werden Pigmente in heißem Wachs gebunden und mit Spachteln untereinander sowie mit dem Malgrund verbunden. Ägyptische Mumienbildnisse und römische Wandgemälde, wie in Pompeji, wurden in dieser feuchtigkeitsbeständigen Malweise ausgeführt, bevor man die Technik der Enkaustik im Mittelalter vergaß.

Kessler arbeitet in seinen Farbtafeln somit einerseits physische Kräfte ab, um reine, optisch-plastische Farbwerte aufzubauen. Andererseits knüpft er an längst vergangene Traditionen an, die uns in seinem Werk wieder mit Offenheit und Selbstbewußtsein entgegentreten.

Thomas Kessler
o. T.
aus der Serie „Cimabue-Bilder"
Pigment, Wachs, Öl auf Holz
je 32 cm x 18 cm
1997

Thomas Kessler
o. T.
aus der Serie „Hiroshige-Bilder"
Pigmente auf Leinwand
50 cm x 250 cm
1998

Erika Kiffl

1939	geboren in Karlsbad
1951	Übersiedlung nach Düsseldorf
	Studium an der Fachhochschule Krefeld
	Studium an der Kunstakademie Düsseldorf bei Walter Breker
seit 1979	freie Fotografin
1980–1989	Konzeption und Organisation des „Internationalen Photosymposiums Düsseldorf"
1995	Einzelausstellung im Kunstmuseum Düsseldorf
	Erika Kiffl lebt in Düsseldorf

Erika Kiffl widmet sich in ihrem fotografischen Werk seit über zwanzig Jahren den Kunstschaffenden und dem Prozeß der Kunstentstehung. Sensibel dokumentiert die Fotografin die Welt hinter der Bühne öffentlicher Repräsentation. Die Schwarz-Weiß-Aufnahmen zeigen Künstler in ihren Ateliers oder geben Einblicke in den Aufbau von Ausstellungen. Kiffls Fotografien sind „Baustellenbilder". Oft geben sie die hohe Konzentration und große Sorgfalt wieder, die Künstler aufwenden, bevor ihre Arbeiten, auf sich gestellt, den Blicken eines anonymen Publikums ausgesetzt sind.

Mit Wärme und Sympathie fängt Kiffl die Anstrengungen des letzten Handanlegens ein, aber auch die Einsamkeit des Entstehungsprozesses und Momente im Werktag des Künstlers. So strahlen ihre Fotografien keine kühle Distanz, sondern eine intime Nähe aus. In ihrer Neugier sind die Bilder nicht von voyeuristischen Neigungen geprägt, sondern entstehen aus teilnehmender Beobachtung.

Erika Kiffl
„Joseph Beuys in seinem Atelier,
Drakeplatz 4, Düsseldorf-Oberkassel"
Abzug auf Barytpapier
60 cm x 50 cm
1978

Erika Kiffl
„Gerhard Richter in seinem Atelier
Brückenstraße, Düsseldorf"
Abzug auf Barytpapier
60 cm x 50 cm
1977

Erika Kiffl
„Gotthard Graubner im
Kunstpalast im Ehrenhof, Düsseldorf"
Abzug auf Barytpapier
60 cm x 50 cm
1977

Imi Knoebel

1940	geboren als Wolfgang Knoebel in Dessau
1964	Studium an der Werkkunstschule Darmstadt, gemeinsam mit seinem Freund Imi Rainer Giese
1964–1971	Fortsetzung des Studiums an der Kunstakademie Düsseldorf bei Joseph Beuys
1964–1969	Atelier „Raum9", gemeinsame Ausstellung mit Giese unter dem Namen „IMI" in der Kunstakademie
seit den 70ern	Videotapes
seit 1972	Teilnahme an der documenta V, VI, VII, VIII in Kassel
1974	Annahme des Namens Imi nach dem Tod von Giese
seit den 80ern	Installationen
	Imi Knoebel lebt in Düsseldorf

Als Imi Knoebel Mitte der 60er Jahre in den Westen Deutschlands übersiedelt, hat er das Ziel, bei Joseph Beuys in Düsseldorf zu studieren. Hier fallen er und sein Freund Rainer Giese durch einen extravaganten Lebensstil auf. Dabei entspricht der schrille Auftritt keineswegs dem streng minimalistischen Stil von Knoebels Kunst. Diese nährt sich aus strengen schwarzen und weißen Linien. Von 1969 bis 1975 sucht der Künstler die Grenzen der Malerei zu erkunden und füllt 250 000 Blatt Papier jeweils mit einer senkrechten und einer waagerechten Linie. Reine Elemente sollen die Kunst von der Gegenständlichkeit befreien. In der strengen Konsequenz seiner bildlichen Aussage tritt Knoebel bewußt in die Tradition der Russen Kasimir Malewitsch und Alexander Rodtschenko. Seine Arbeiten haben eine saubere, klare Ausstrahlung und entfalten eine transzendentale Wirkung. Die Bilder drängen jede inhaltliche Bedeutung zurück und evozieren spirituelle Erfahrungen.

1974 stirbt Rainer Giese, 1977 sein zweiter enger Künstlerfreund Blinky Palermo. Seit dieser Zeit experimentiert Imi Knoebel mit Farbe. Dabei beschränkt er sich bis heute auf die drei Grundfarben Gelb, Blau und Rot. Seine monochromen Gemälde eröffnen Denkräume, die der Sprache unzugänglich bleiben. Sie sind reine, Material gewordene Farbe.

Die vier kleinen Tafeln der IKB sind in Weiß, Gelb, Blau und Rot gehalten. Aluminiumschienen, von Knoebel in jeweils einer anderen Grundfarbe bemalt, rahmen die Bilder. Dadurch bekommen die monochromen Flächen nicht nur einen optischen Halt, die kopfgroßen Tafeln nehmen als Kästen auf der Wand zugleich Objektcharakter an. Das Dinghafte dieser Kästen und das Immaterielle der Malerei gehen Hand in Hand. Knoebels Kunst rechnet mit dem aktiven Betrachter, der sich jenseits aller Begrifflichkeit meditativ der reinen Farbwirkung und damit auch sich selbst, wie in einem Spiegel, der Erleuchtung aussetzt. Knoebels Tafeln verweisen auch auf den Anspruch Barnett Newmans, daß Malerei durch die reine Farbwirkung „das Erlebnis einer jede vertraute Erfahrung übersteigenden Erfahrung" ermöglichen sollte, wie es Max Imdahl 1971 treffend formuliert.

Imi Knoebel
„DIN XV C1–C4"(4teilig)
Acryl auf Holz, Aluminium
je 46,3 cm x 33,9 cm x 8 cm
1996

František Kyncl

1934	geboren in Pardubice, Tschechoslowakei
1950–1953	Ausbildung als Schriftenmaler
	Besuch einer privaten Zeichen- und Malschule
1953–1957	Studium an der Schule für Bildende Kunst Prag
1960–1968	freier Künstler in Pardubice
	zahlreiche Plakatentwürfe für Politik und Industrie
1969–1971	Studium an der Kunstakademie Düsseldorf bei Gerhard Hoehme
1971 und 1978	Förderpreis der Stadt Düsseldorf
1981–1982	Lehrauftrag an der Kunstakademie Düsseldorf
1982	Einzelausstellung im Kunstverein für die Rheinlande und Westfalen, Düsseldorf
1992	Einzelausstellung im Kunstmuseum Düsseldorf
	František Kyncl lebt in Düsseldorf

„Wann bekommt der Gedanke Form? Wenn wir ihn aussprechen? Aber das muß noch nicht die Form sein, sondern ist vielleicht eine Skizze. Wann ist dann also die Form definitiv? Ist Form nicht nur die unendliche Kette von Werden und Vergehen? Ewiges Wehen der Winde? (...) und Du hast mir zu erklären versucht, daß nicht das Sprechen, sondern die visuelle Sprache uns näher zueinander bringt." (František Kyncl, „Monolog mit Marian Bogusz", 1980)

Lange Jahre versucht František Kyncl, in seiner tschechischen Heimat als freier Künstler Fuß zu fassen. Zunächst findet der neugierig arbeitende Maler und Zeichner, der sich schon bald am russischen Konstruktivismus orientiert, keinen Studienplatz. Schließlich wird er an der Schule für Bildende Kunst in Prag für die Fächer Plastik, Innenarchitektur und Grafik angenommen. 1960 gründet Kyncl eine Künstlergruppe, die sich von dem verordneten Sozialistischen Realismus nicht vereinnahmen läßt. Sie existiert somit am Rande staatlicher Duldung. Kyncl lebt damals vor allem von Plakaten, die er für die Industrie und für politische Veranstaltungen entwirft. Nach dem Prager Frühling verläßt er die Tschechoslowakei. Freies Arbeiten scheint ihm dort endgültig nicht mehr möglich zu sein. Er siedelt ins Rheinland über und nimmt das Studium an der Kunstakademie in Düsseldorf auf.

Kyncls Kunst entwickelt sich auf der Grundlage plastischer Vorgaben von Tatlin, Gabo oder Pevsner. In den 70er und 80er Jahren entstehen vor allem Draht- und Bambusplastiken, die auf Tetraedermodulen basieren. Zahllos addiert, wuchern geometrische Einheiten plastisch frei in den Raum. Mit den selben Strukturen aus rechtwinkligen Dreiecken sucht Kyncl auch auf dem Papier Gesetzmäßigkeiten des Lebens und der Natur anschaulich zu machen. Diese kristallinen festen Formen lösen sich in den 90er Jahren in freie Gebärden auf, die der Künstler nun wie Bewegungsspuren über die Ränder des Papierausschnittes hinauslaufen läßt. Angesichts dieser neuen Arbeiten, von denen sich zwei Blätter im Besitz die IKB befinden, scheint Kyncl in seiner Malerei zu der Frage, wann der Gedanke Form wird, zurückgekehrt zu sein. Seine Antwort ist ein Kontinuum, ein Ausschnitt aus den Zusammenhängen im unendlichen Raum.

František Kyncl
o. T.
Ölkreide auf Büttenpapier
je 30 cm x 20 cm
1997

Ute Langanky

1957	geboren in Düsseldorf
1976–1984	Studium an der Kunstakademie Düsseldorf bei Gerhard Richter und Alfonso Hüppi
1979–1984	Studium der Philosophie an der Universität Düsseldorf
1997	Ausstellung im Westfälischen Kunstverein, Münster
	Publikation mehrerer Künstler-Bücher zusammen mit dem Schriftsteller Thomas Kling
	Galerie-Ausstellungen im In- und Ausland
	Ute Langanky lebt in Köln und auf der „Museumsinsel Hombroich" bei Neuss

Die Künstlerin Ute Langanky arbeitet seit vielen Jahren parallel zu ihrem malerischen Werk mit dem Medium der Fotografie. Auch ihr Studium ist zweigleisig verlaufen: Die Beschäftigung mit philosophischen Themen ergänzt ihre künstlerische Arbeit. Das Reflektieren einer künstlerischen Position durch eine andere ist kennzeichnend für das Werk von Ute Langanky. So ist es vielleicht auch kein Zufall, daß sie in dem Schriftsteller Thomas Kling einen geistigen Widerpart findet. Mehrere Bücher dokumentieren die Spur ihrer gemeinsam produzierten Bild- und Wortkunst.

Auch Langankys 14teilige Serie „Spleen. Drostedialog" ist ein Glied in der Kette aus Literatur und Kunst, aus anschaulich verdichteter Vergangenheit und erzählter Gegenwart. Anläßlich des 200. Geburtstages der großen westfälischen Dichterin Annette von Droste-Hülshoff entsteht 1997 Langankys fotografisch-literarischer Dialog, der in die Aura der Dichterin eintaucht und in dem der Kammerton eines zeitgenössischen Autors mitschwingt. Am 25. Mai 1997 präsentiert die Künstlerin ihre Arbeit gemeinsam mit Thomas Klings Lesung seines „Langgedichts" im Westfälischen Kunstverein in Münster.

Langanky greift in ihrer Serie, die abwechselnd schwarz-weiße und farbige Fotos zeigt, die mögliche Umgebung der Dichterin auf. Zu sehen ist ein Manuskript im Sonnenlicht. Gräserschatten fallen auf das Original der Handschrift. Ein Landgut erscheint daneben hinter einem farbig flackernden Feuer. Weidenlandschaft, Wurzelwerk, Brandspuren, Wasserspiegelungen, eine Backsteinmauer, Geröll wechseln in der Bildsequenz ausschnitthaft ab. Mit den Mitteln der Fotografie nähert sich Langanky der Vergangenheit, die nur in unserer Phantasie und Bildern aus der Literatur existiert. Die Fotos reiben sich an der Sprache von Thomas Kling: „Geoden die augn. Und berghammer spaltet die druse, die klappt auseinander; sichtbar wird dies: der bessem, ein besn, die forke ..."

In den Bildern von Ute Langanky erscheint die Natur, ähnlich wie in Droste-Hülshoffs berühmter Novelle „Die Judenbuche", nicht als Hintergrund oder Staffage, sondern als Zeuge. Hinfälligkeit und Beunruhigung gehen von dieser Naturgegenwart aus.

Ute Langanky
„Reportage" (aus 4teiliger Fotosequenz)
C-Print
47 cm x 33 cm
1998

Ute Langanky
„Spleen. Drostedialog“ (14teilige Fotosequenz)
C-Print
je 50 cm x 50 cm
1997

Vom Ufer starret Gestumpf hervor,
Unheimlich nicket die Föhre,
Der Knabe rennt, gespannt das Ohr,
Durch Riesenhalme wie Speere;
Und wie es rieselt und knittert darin!

Oliver Lanz

1971	geboren in Wuppertal
1990	Kulturpreis Kunstverein St. Augustin
1991	Stipendium Kunstverein St. Augustin
1993–1997	Studium an der Kunstakademie Düsseldorf bei Michael Buthe und Gotthard Graubner
1998	Studium an der Hochschule der Künste Berlin
	Oliver Lanz lebt in Berlin

Spätestens seit den berühmten Wolkenstudien des Engländers John Constable haben Ausschnitte der einsamen Natur in der Kunst Bildwürdigkeit erlangt. Gotthard Graubner oder Bernd Koberling haben das Thema in die jüngste Vergangenheit tradiert. Bei beiden Malern hat Oliver Lanz studiert und sich künstlerisch orientiert. Obwohl er zu der jungen Generation gehört, hat er bereits seinen eigenen Standpunkt markiert.

Die Landschaftsgemälde von Oliver Lanz geben den Blick wie durch einen Schleier aus Gaze auf traumentrückte Schluchten und Gewässer frei, die aufrauschen, niederschlagen und aus dem Himmel fallen. Helle und dunkle Partien kennzeichnen verschwommen das Terrain zwischen Licht und Dunkel. Windstille beherrscht die Szenerien aus aufeinander abgestimmten Farbharmonien. Und doch sind die Bilder nicht ruhig, sondern hoch dramatisch. Sie scheinen Leben und Natur als Inferno zu begreifen, als wären sie der „Göttlichen Komödie" Dantes entnommen. So entspricht die Bildauffasssung von Oliver Lanz dem immerwährenden Kreislauf der Natur, in dem der Mensch gedanklich nie zur Ruhe kommt und aus der Vergangenheit in die Unendlichkeit einer ungewissen Zukunft schreitet.

Oliver Lanz
o. T.
Öl auf Nessel
150 cm x 230 cm
1996/97

Siegrid von Lintig

1965	geboren in Duisburg
1986–1992	Studium an der Fachhochschule Aachen bei Ulf Hegewald
1992–1998	Studium an der Kunstakademie Düsseldorf bei Jan Dibbets
1996	Reisestipendium der Kunstakademie Düsseldorf
1999	Ausstellungsbeteiligung Mathildenhöhe, Darmstadt
	Siegrid von Lintig lebt in Aachen

Sigrid von Lintig konfrontiert uns mit gebauten Relikten aus der industriellen Blütezeit vom Anfang dieses Jahrhunderts. Funktionsarchitekturen sind die beliebtesten Motive ihrer großformatigen Malerei. Förder-, Kühl- oder Wachtürme erhalten aus der Perspektive der Malerin durch die Isolation des Baukörpers vor freiem Himmel etwas Bedrohliches. Die Gebäude und Hintergründe klingen in den Bildern farblich-romantisch zusammen. Das Auge wird von der Monumentalität der schlank in den Himmel aufragenden Baulichkeiten fast abgewiesen. Der Blick gleitet auf glatten Oberflächen ab und findet nur an wenigen, angedeuteten Details wie Fensterkreuzen oder Schattenrissen Halt. Dabei sind die starken Schlagschatten von einer solchen Künstlichkeit, daß sie eher von einem Scheinwerfer als vom Licht der Sonne herzurühren scheinen.

Mit der Kamera fängt die Malerin ihre Motive im Ruhrgebiet oder in den neuen Bundesländern ein, um sie später im Atelier umzusetzen und malerisch zu manipulieren. Das Ergebnis sind individuell verdichtete, poetische Bilder, Zitate aus einer museal gewordenen Industrielandschaft. Ihre Funktion haben diese Bauwerke vielerorts längst verloren. Ihre Existenz erscheint in der gemalten Bildwirklichkeit wie ein melancholisches Echo, gerade noch vernehmbar, bevor es endgültig in einer neuen Zeit vergeht.

Sigrid von Lintig
o. T. (Turm)
Acryl auf Nessel
200 cm x 150 cm
1997

Julia Lohmann

1951	geboren in Dorsten
1971–1978	Studium an der Kunstakademie Düsseldorf bei Joseph Beuys und Erwin Heerich
1985	Förderpreis des Landes Nordrhein-Westfalen Förderpreis für Bildende Kunst der Stadt Düsseldorf
1987	Stipendium der Stiftung Skulpturenpark Seestern, Düsseldorf
1988–1989	Förderpreis der Stadt Siegen
1993–1994	Entwürfe für Bilder als begehbare Räume
1994	Wandarbeiten für die U-Bahn Düsseldorf Julia Lohmann lebt in Düsseldorf

Den Bildern von Julia Lohmann wachsen Flügel, heißt es in einem Katalog, der anläßlich einer Wanderausstellung der Malerin 1993 herausgegeben wird. „Auf schmalen, quergestreckten Metallflächen, deren mehrere aneinander montiert sind, erscheint eine silber-graue, grün-braun-blaue Malerei, von Weißspuren, wie von Wolken durchzogen."

Im fünften Obergeschoss des neuen IKB Gebäudes hängt eine abstrakte Aluminiumarbeit aus zwei Teilen. Luftig changieren grüne und blaue Farben auf zwei Panelen. Himmel und Erde, Luft oder Wasser neben einer üppigen Wiese? Die Farbassoziationen stehen für sich, aber die Malerei von Julia Lohmann erschöpft sich nicht in der Darstellung einer uferlosen Natur. Als sie sich in den 80er Jahren aufmacht, die Grenzen der Malerei für sich zu erweitern, beginnt ihre Phantasie in den freien Raum zu driften. Der Gedanke des Fliegens ergreift sie. Während eines Aufenthaltes in den USA im Jahre 1989, stößt Lohmann in der Mojave-Wüste auf ein Flugzeugwrack, dessen Einzelteile verkauft werden. Sie erwirbt einige Stücke, bemalt sie und nennt ihr Werk „Wing". Das Leichtmetall, das die Flugzeugindustrie nutzt, wird zum Bildträger einer horizontlosen Malerei.

Das Überwinden der Erdenschwere, der Perspektivwechsel, der einen die Welt als Ganzes und zugleich aus der Distanz betrachten läßt, sind, seit es Darstellungen von Engeln gibt, Metaphern des suchenden Geistes. Leonardo da Vinci ist mit dem Entwurf von Flugmaschinen im 16. Jahrhundert der Realität näher gerückt. Lohmann verbindet den Gedanken des Grenzenlosen mit dem Material, das die Grenzenlosigkeit für den Menschen möglich macht.

Seit Mitte der 90er Jahre erweitert Lohmann ihre Malerei konkret in den Raum hinein und beginnt architekturbezogen zu arbeiten. Die Farbe hat sich vom transportablen Bildträger gelöst, um eine Verbindung mit den Baulichkeiten einzugehen. Doch bleibt die Sicht des Naturhaften und Grenzenlosen erhalten. Lohmann trägt mit ihren farblichen Raumgestaltungen Farbphänomene der freien Natur in umbaute Räume und erweitert so gedanklich die physische Begrenztheit.

Julia Lohmann
„Grün – Grün"
Tempera auf eloxiertem Aluminium
125 cm x 325 cm
1995

Julia Lohmann
Farbraumgestaltung
5. Etage, IKB Düsseldorf
1998

Markus Lüpertz

1941	geboren in Liberec, Böhmen
1948	Flucht der Familie nach Rheydt im Rheinland
1956–1961	Studium an der Werkkunstschule Krefeld
	Studium an der Kunstakademie Düsseldorf
1970	Villa-Romana-Preis und Aufenthalt in Florenz
1973	Ausstellung in der Kunsthalle Baden-Baden
1976	Professur an der Staatlichen Akademie der Bildenden Künste Karlsruhe
1977 und 1982	Teilnahme an der documenta VI und VII in Kassel
1986	Professur an der Kunstakademie Düsseldorf
seit 1988	Rektor der Kunstakademie Düsseldorf
1996	Retrospektive in der Kunstsammlung Nordrhein-Westfalen, Düsseldorf
	Markus Lüpertz lebt in Düsseldorf und Berlin

Als Markus Lüpertz 1961 seine Karriere als freischaffender Künstler beginnt, hat die Malerei des „Informel", die bis dahin die deutsche Nachkriegskunst dominierte, ihren Höhepunkt überschritten. Nach Ansicht des provokanten Lüpertz wird damit nur die romantisch-expressive Umsetzung der Künstlerautobiographien dargestellt. Nicht in jedem Farbfleck will er die Psyche des Urhebers erkennen und stellt sich entschieden gegen eine solche Art subjektiver Gefühlsmalerei.

Lüpertz geht „verbotene" Themen an. Seine mit jüngster deutscher Geschichte aufgeladenen Motive sucht er serienmäßig zu bannen. Nach einer „Donald-Duck-Serie", „Tod und Maler"-, „Schwarz-Rot-Gold"- und „Zyklop"-Varianten, die dreist und aggressiv Uniformen oder Stahlhelme in den Mittelpunkt rücken, malt er 1978 eine Gruppe „Schöner Gegenstände", in der er das Verhältnis von Körper und Raum, Linie und Fläche an Trivialobjekten zu klären sucht. Im Kreis der Berliner Ausstellungsgemeinschaft „Großgörschen 35", die Lüpertz mitbegründet, stellt er 1965 Bilder aus, die allein auf Grund ihrer Monumentalität provozieren. Sein neu-expressiver Stil befremdet, weil er an die Monumantalkunst des Nationalsozialismus erinnert. Erst als Ende der 70er Jahre den „Jungen Wilden" der Durchbruch gelingt, wird Lüpertz akzeptiert und unversehens zu ihrem Paten.

Seit 1992 arbeitet Markus Lüpertz an einer Serie mit dem Titel „Männer ohne Frauen, Parsifal". Hunderte von Köpfen sind bisher sowohl auf Leinwand als auch auf Papier entstanden. Eine Bilderflut, die die Gestalt des Parsifal als Prototyp des Ewig-Suchenden immer wieder neu zu fassen sucht. Masken aus Knochen erscheinen vor grafischen Geflechten, sie werden überkritzelt, mehrschichtig durchdrungen und vermessen. Handelt es sich um abgeschlagene Köpfe oder um Selbstporträts?

Als Richard Wagner in den 70er Jahren des 19. Jahrhunderts seinen „Parsifal" schrieb, war er in leidenschaftlicher Liebe zu einer „femme fatale" entbrannt. Doch steht Parsifal als Mann ohne Frau, als Erlöser da. Moralität und Kreativität haben nichts gemein. Sinnliche Lust und asketische Arbeit stehen auch im Leben von Lüpertz nebeneinander. Parsifal, so wird vermutet, steht bei ihm als Ursprung und Prinzip alles Schöpferischen.

Markus Lüpertz
„Ganymed"
Holzschnitt (Unikat)
210 cm x 98 cm
1985/86

Markus Lüpertz
„Männer ohne Frauen, Parsifal"
Holzschnitt (Unikat)
195 cm x 199 cm
1994

Markus Lüpertz
„Männer ohne Frauen, Parsifal"
Holzschnitt (Unikat)
195 cm x 199 cm
1994

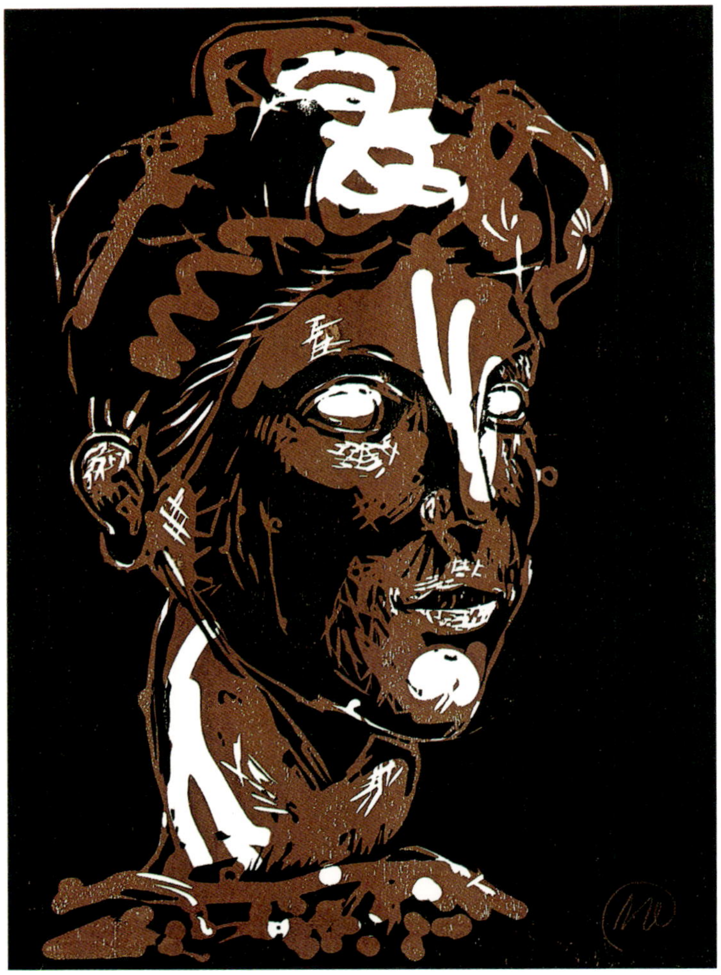

Markus Lüpertz
„Mykenisches Lächeln"
Holzschnitt
je 100 cm x 70 cm
1985/86

Heinz Mack

1931	geboren in Lollar, Hessen
1950–1956	Studium an der Kunstakademie Düsseldorf
	Studium der Philosophie an der Universität Köln
1956–1964	Freier Künstler und Kunsterzieher in Düsseldorf
1958	Gründung der Gruppe ZERO mit Otto Piene
1965	Studienaufenthalt in New York
1968	Sahara Projekt
1972	Wasserwolke für die Olympischen Spiele in München
1977	Teilnahme an der documenta VI in Kassel
1982	Platzgestaltung vor dem LVA-Hochhaus, Düsseldorf
1989	Gestaltung des Platzes der Deutschen Einheit, Düsseldorf
1992	Gestaltung des Foyers des Hetjens-Museums Düsseldorf
1995	Fertigstellung der Kapelle St. Elisabeth, Mettmann
	Heinz Mack lebt bei Mönchengladbach

Heinz Mack beschwört in seinem Werk die Schönheit des Lichts. Mit einem auf die Utopien des Weltraum-Zeitalters gerichteten Anspruch widmet er sich seit vierzig Jahren den Brechungen und Reflexionen von Lichtwerten im Raum. Seit 1956 entstehen monochrome Zeichnungen mit parallelen Rasterreihungen, wie sie die Serie der „Zwölf Monate" von 1990 darstellen, die zu der IKB Sammlung gehören. Seit 1958 überträgt Mack das Prinzip der Rasterung auch ohne malerische Mittel in Lichtreliefs aus gewellter Aluminiumfolie.

Vibration und Reflexion des Immateriellen sind das Thema, das ihn Ende der 50er Jahre zusammen mit den Freunden Otto Piene und Günther Uecker zur Gründung der Düsseldorfer Künstlergruppe ZERO veranlaßt. Als die drei Künstler im Umfeld von Pierro Manzoni und Yves Klein durch ihre Aktionen zu internationaler Anerkennung kommen, studiert Mack noch an der Kunstakademie Düsseldorf und absolviert zugleich ein Studium der Philosophie an der Universität Köln. In dieser Zeit durchforstet er die Philosophiegeschichte von Platon bis Schiller, von Plotin bis Nietzsche auf tragfähige Begründungen der Schönheit. Eine von allen Trübungen befreite Kunst soll nach Macks Auffassung eine hellere Welt heraufbeschwören.

Eines seiner Land-Art-Projekte führt ihn Ende der 60er Jahre in die Sahara. Er zieht einen silbernen „Raumanzug" an und läßt sich mit einer metallischen Fahne, mit einer reflektierenden Lichtstele, mit bizarren Lichtskulpturen aus Aluminium, Glas oder Sand vorübergehend in der unendlichen Einsamkeit von Licht und Hitze nieder. Mensch und Kunst gehen in die unberührte Natur und nehmen einen Dialog mit der Sonne auf. Für Heinz Mack ist kein Aufwand zu gering, um der Utopie des Schönen näherzukommen. Die überwältigende Pracht, die seine Kunst in extremen Randbezirken der Welt entfaltet, hat die Zeit nur als Fotodokument und im Wort überleben können.

„Wer die Wüste betritt", schreibt Mack 1976 in Afrika, „und nur noch den eigenen Herzschlag wahrnimmt, der hört auch ihr Schweigen. Wer das reine Licht im Polarkreis sieht und sich in dieses Licht stellt, ist von Licht erfüllt und wird zu einem Gegenstand des Lichts. Wer in der Leere und Grenzenlosigkeit solcher Landschaftsräume steht, begreift seine eigene Körperlichkeit. Wer sich in den Sand- und Eiswüsten selbst begegnet, kann nicht vor sich selbst fliehen. Und in den taghellen Polarnächten verlieren wir das Maß der Zeit."

Diese existentiellen Eindrücke sind unübersehbar auch in die Sequenz der zwölf Serigrafien zum Jahreszyklus eingeflossen, die, je nach Grundstimmung, im Hoch- oder Querformat gefaßt sind. „Die 12 Monate" können als lichte Utopie angesehen werden, wie sie zum Leben gehört, wenn es sich der Schönheit und nicht der Trübsal verschreibt.

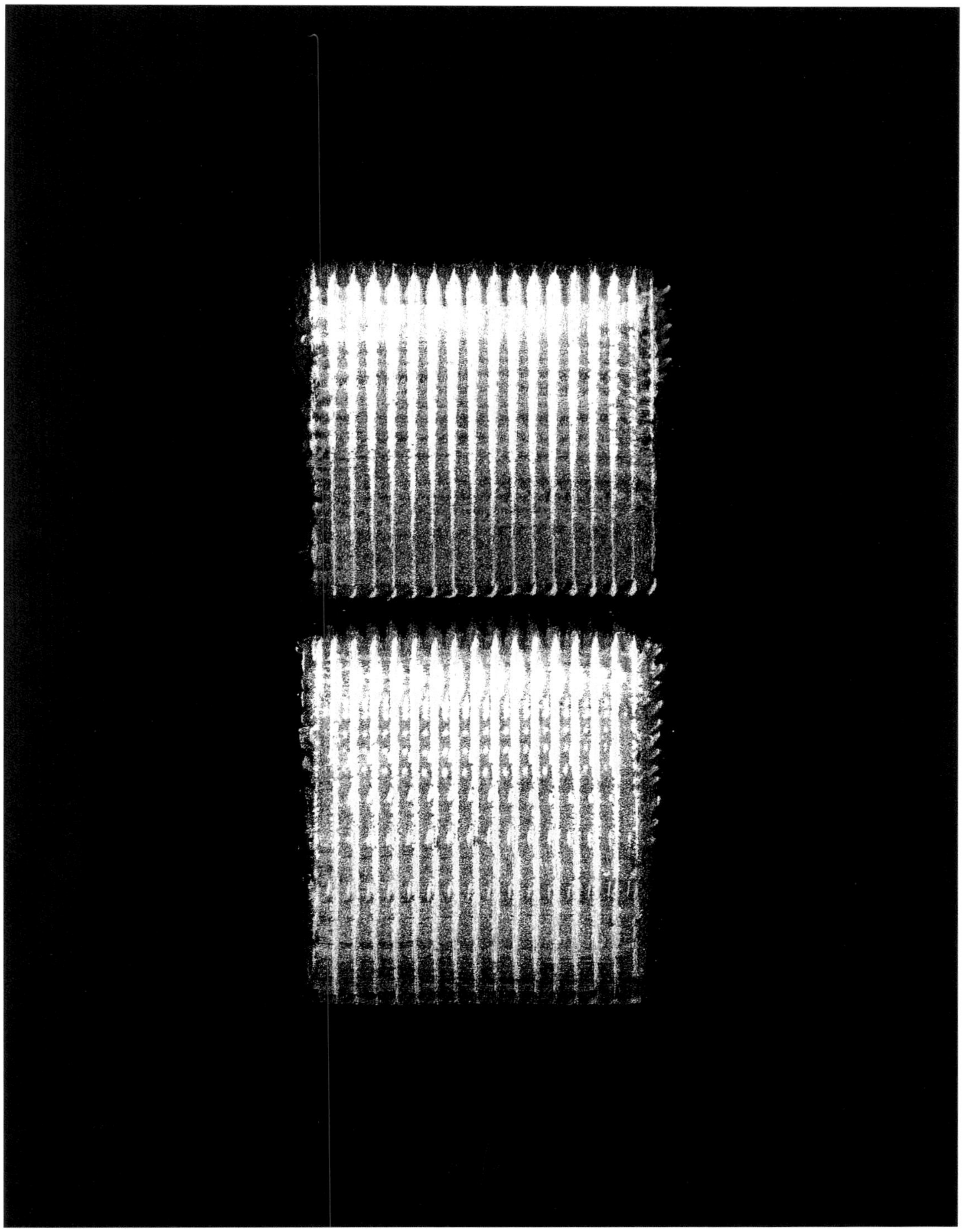

Heinz Mack
„Januar“
aus dem Zyklus „Die 12 Monate“
15farbiger Siebdruck auf Bütten-Kupferkarton
125 cm x 95 cm
1990

Heinz Mack
„Mai“
aus dem Zyklus „Die 12 Monate“
15farbiger Siebdruck auf Bütten-Kupferkarton
125 cm x 95 cm
1990

Heinz Mack
„August“
aus dem Zyklus „Die 12 Monate“
15farbiger Siebdruck auf Bütten-Kupferkarton
125 cm x 95 cm
1990

Ulrich Moskopp

1961	geboren in Köln
1983–1991	Studium an der Kunstakademie Düsseldorf bei Gotthard Graubner
seit 1995	Atelier auf der „Raketenstation" der „Museumsinsel Hombroich" bei Neuss
1999	Einzelausstellung in der Overbeck-Gesellschaft, Lübeck
	Ulrich Moskopp lebt in Köln

„Wenn ich etwas zeige in einer Ausstellung, möchte ich vor allem den Menschen ein Gefühl der Ruhe, Entspannung, Sorglosigkeit und letztendlich ein Glücksgefühl vermitteln."
(Ulrich Moskopp, 1998)

Ulrich Moskopp hat mit seiner Malerei in fünfzehn Jahren einen weiten Weg hinter sich gebracht, um sich von der Figur und der Landschaft zu lösen. Erdig-schwere Farben sind einer strahlenden Palette farbig-durchlichteter Töne gewichen. Und auch die Leinwand als Malgrund hat Moskopp verlassen. Seine Malerei kombiniert Farbkontraste und -harmonien. Sie erscheint konkret im Raum, auf Stelen und mobilen Wänden, auf Kästen wie auf einem Lattenzaun. Diesen „Farbzaun", mit neunzehn parallelen Latten als Bild zusammengefaßt, hat die IKB für ihre Sammlung erworben.

Es ist ein fröhliches Farbspiel aus schmalen Streifen entstanden – ein Spiel, weil die Latten nicht einfach bunt bemalt sind und einer bestimmten Abfolge gehorchen, sondern weil jedes Bildelement individuell bearbeitet wurde und in seiner farblich changierenden Ausarbeitung einmalig erscheint. Moskopp hat MDF-Streifen farbig grundiert und anschließend mit Lack und Ölfarbe übergossen oder mit Spachteln die später aufgetragene, durchsichtig-reflektierende Schicht strukturiert. So ergibt sich ein tanzender, unregelmäßiger Rhythmus aus emulsionsartigen hellen Farbgemischen.

Der Zaun, der zugleich beschützt und abwehrt, wirkt in der Interpretation von Ulrich Moskopp brüchig, freundlich und leicht wie geschichteter Stoff. Die Materialstreifen erscheinen im eng zusammengefügten Zustand als Bild. Doch die Oberfläche der Einzelelemente suggeriert Bewegung. Ein Windstoß, so scheint es, würde genügen, um das Streifengeviert wie einen Barvorhang aus Plastikstreifen in alle Richtungen aufflattern zu lassen.

Ulrich Moskopp
„Farbzaun"
Öl auf MDF-Platte
200 cm x 190 cm
1995

Manfred Müller

1950	geboren in Düsseldorf
1967–1970	Lehre als technischer Zeichner
1971–1975	Studium an der Werkkunstschule Düsseldorf
1976–1981	Studium an der Kunstakademie Düsseldorf bei Erwin Heerich
1980	Stipendium des Landes Nordrhein-Westfalen Aufenthalt in Paris
1982	Ausstellung im Kunstverein Heidelberg
1983	Förderpreis für Bildende Künste der Stadt Düsseldorf
1984	Werkstipendium des Verbandes der Deutschen Industrie
1988	Ausstellung im Museum Ludwig Köln
1989	Umsiedlung nach Santa Monica, USA Manfred Müller lebt in Santa Monica und in Düsseldorf

Gravitätisch hängt Manfred Müllers „Roter Mantel" an der Wand. Nicht platt, wie ein Stoffgewand am Haken, sondern fest und voluminös, als steckte eine unsichtbare Gestalt darin. Der „Mantel" gleicht einem Umhang ohne Ärmel. Nach vorn ist er übereinandergeschlagen. Doch statt zu verhüllen und zu schützen, klaffen über dem Leib kreisrunde Löcher. Sie geben Einblick in das komplizierte Innere. Und hier beginnen die Widersprüche: Die Farbe gleicht rostigem Eisen. Farbe und Form weisen die Wahrnehmung in unterschiedliche Richtungen. Einerseits scheint das Gebilde schwer und robust, andererseits weich und durchlässig. Ein Zwischending aus Architektur und Bekleidung. Müller irritiert durch den Titel, der den Betrachter auf eine Fährte weist, die mit dem, was man sieht, nicht wirklich übereinstimmt. Und doch gibt der Titel etwas preis über die materielle Qualität des Stückes, denn der „Mantel" ist keineswegs aus Eisen, sondern aus pigmentgetränktem Filzpapier und hat somit durchaus einen textilen Charakter.

Als freier Künstler beginnt Manfred Müller, nach dem Studium bei Erwin Heerich an der Düsseldorfer Kunstakademie, schwarz-gefärbtes Papier nach Aufrissen erster Behausungen des Niederrheins zu formen. Archetypische Baulichkeiten werden zu handlich-plastischen Volumina umgeformt. Dann beginnt Müller, zu den Dingen direkt zu greifen: Kohlehaufen, Rohre, Tische, Vasen, Schalen, Leitern, Spuren aus Backsteinmehl und Sand erinnern in zahlreichen Installationen an den genius loci ihrer Herkunft, und das waren im Ruhrgebiet häufig Orte einer vergangenen Arbeitswelt. „Aus wenigen Zeichen entsteht die Abbreviatur einer Industrielandschaft, die Maß und Monumentalität ihrer Urbilder in sich trägt", schreibt Manfred Schneckenburger 1992 in seiner Katalogeinführung zur Ausstellung im Heidelberger Kunstverein. „Die Sprache des industriellen Inventars ist nicht verlassen, aber zur reinen Form erklärt." Dies trifft auch auf die lange Reihe der „Prelude rouge"-Objekte zu, in denen sich Formen verschachteln, biegen, aufreißen und an Höhlen, Schächte oder Brücken erinnern. Modellhaft bezeichnen sie Energiefelder, die dem Menschen dienen. Dafür steht die Metapher des Mantels.

Manfred Müller
„Prelude rouge, Roter Mantel Nr. 115"
Farbgemisch auf Filzpapier
150 cm x 90 cm x 20 cm
1997

Sarah Pelikan

1947	geboren in Immenstadt
1964–1967	Lehre als Glas- und Porzellanmalerin
1968–1974	Studium an der Kunstakademie München bei Rudi Tröger
	architekturbezogene Projekte in München
	Ausstellungen in München und Düsseldorf
1992	Förderpreis der Stadt München
1993	Komposition für Kinder, 21teilige Arbeit für eine Schule in München
1994	Farbgestaltung eines Treppenhauses für die Hypobank in Jena
1996	Einzelausstellung im Kunstverein Grafschaft Bentheim
	Sarah Pelikan lebt in Wuppertal

Ein Kindheitsausflug wird Sarah Pelikan zum Schlüsselerlebnis als Künstlerin. In einem Schloß der Familie Droste-Hülshoff, das nahe ihrer Geburtsstadt Immenstadt liegt und das sie häufig gemeinsam mit den Eltern besucht, liebt sie vor allem ein kleines, rot ausgemaltes Eckkabinett. Von diesem Rot fühlt sie sich angezogen wie von einem angenehm warmen Kleid. Später kehren ihre Gedanken wieder und wieder dorthin zurück.

Schon während ihres Studiums bei dem Spätimpressionisten Rudi Tröger an der Münchener Kunstakademie reduziert Pelikan ihre Malerei auf monochrome Farbflächen in warmen Tönen. Als freie Künstlerin stellt sie Bücher mit gerissenen Farbcollagen auf Notenständern aus. Diese Bücher enthalten bereits die Partitur ihres späteren Œuvres: die amerikanische Malerei des „minimal", das Werk Picassos und vor allem Ellsworth Kelly. Besonders dessen „shaped canvases", die vom strengen Rechteck der Formate befreite monochrome Malerei, geben Pelikan entscheidende Impulse für die eigene Kunst.

Das Ausbleichen ihrer Papierarbeiten veranlaßt sie, neue Techniken zu entwickeln. Pelikan beginnt, Farbabrisse und -flächen in Resopal zu bannen und auf Tische zu spiegeln. Sie vollzieht den Schritt von der Wand in den Raum und projiziert ihn schließlich zurück. Pelikans Bilder werden begehbar, indem sie, wie bei ihrem Werk für die IKB, ganze Wandflächen in Farbe taucht. Das warme Rot wird in einer zweiten Ebene mit kleineren Farbtafeln belegt, die in grün, gelb oder hellrot eine Farbharmonie zum Grundton aufbauen und dabei ihren eigenen Farbraum und ihre individuelle Perspektive mitbringen. Wo beginnt das Bild, wo der Raum? Pelikans Installationen kehren die Verhältnisse um, indem das Bild zur Wand und der Raum zum Bild wird.

Sarah Pelikan
aus der Arbeit „Unendliche Bildreihe auf Rot"
Formica auf Birkenholz
70 cm x 114 cm
1997

Sarah Pelikan
„Unendliche Bildreihe auf Rot"
4. Etage, IKB Düsseldorf
1997

A. R. Penck (Ralf Winkler)

1939	geboren in Dresden
1956	Besuch eines Volkshochschulkurses für Malerei
1969	Ablehnung des Antrages auf Mitgliedschaft im Verband Bildender Künstler der DDR
1972	Teilnahme an der documenta V in Kassel
1980	Übersiedlung nach Köln
1983	längerer Aufenthalt in Israel Übersiedlung nach London
seit 1989	Professur für Grafik an der Kunstakademie Düsseldorf
1992	Teilnahme an der documenta IX in Kassel A. R. Penck lebt in Dublin, London, Düsseldorf und Köln

Ralf Winkler beginnt 17jährig als Autodidakt mit der Malerei. Bis auf einen Volkshochschulkurs verzichtet er auf akademische Unterweisung, beschäftigt sich aber intensiv mit Rembrandt und van Gogh. Daneben interessiert er sich für Philosophie, Kybernetik, Systemtheorie sowie Jazzmusik. Nachdem er 1969 vom Verband Bildender Künstler der DDR als Mitglied abgelehnt wird, verschlechtert sich seine künstlerische Situation zusehends. Im Westen dagegen beginnt er zu reüssieren. 1972 wird er zur Teilnahme an der dokumenta V eingeladen. Bald danach folgen Ausstellungen in Berlin, Basel und Rotterdam.

Im Jahr des Mauerbaus, 1961, malt Winkler seine ersten Welt- und Systembilder. Ralf Winkler, der sich erst seit 1968 nach dem Geologen und Eiszeitforscher A. R. Penck benennt, entwickelt ein Zeichensystem, das in seiner Eindeutigkeit wissenschaftlichen Ansprüchen genügen und wie Verkehrsschilder bestimmte Handlungen evozieren will. Mit Hilfe meist schwarzer Strichmännchen, die an vorgeschichtliche Höhlenmalerei erinnern, versucht Penck in seinen Gemälden, menschliche Verhaltensmuster allgemeinverständlich auszudrücken.

Während die Systembilder noch aus einer politisch-affirmativen Haltung gegenüber dem DDR-Sozialismus entstehen, schleichen sich seit Mitte der 60er Jahre autobiografische Momente des Zweifels in seine Bilder ein, die Anzeichen von Verunsicherung transportieren: wenn er beispielsweise einen Seiltänzer über einem brennenden Abgrund malt. Penck wandelt sich vom Freund zum Feind eines politischen Systems, das seine künstlerische Freiheit mehr und mehr einschränkt. 1980 kehrt der Maler ihm endgültig den Rücken.

Penck reduziert fortan die figürliche Wiedergabe auf eine weitere Systematisierung des Individuums und findet eine allgemeinverbindliche Bildsprache, die bis heute für seine archaische Malerei charakteristisch ist. In der Serie „Standart hoch" stehen sich zwei männliche Giganten gegenüber. Zwischen ihnen sind zwei, den Füßen zugekehrte Männchen mit ausgebreiteten Armen zu sehen und über deren Schultern Symbole für Hammer und Sichel. Menschen werden in diesem System zu Mustern, aus denen sich das Zeichen einer Vagina ergibt, der sich die Giganten zuzuneigen scheinen. Arbeit und Reproduktion als Grundmuster menschlichen Daseins, und das, wenn man so will, vor dem feuerroten Hintergrund der Flagge der Sozialistischen Internationale.

A.R. Penck (Ralf Winkler)
„Standart hoch" (3teilig)
Lithografie auf Papier
105 cm x 59 cm
1994

A. R. Penck (Ralf Winkler)
„Standart hoch“ (3teilig)
Lithografie auf Papier
105 cm x 59 cm
1994

A.R. Penck (Ralf Winkler)
„Standart hoch" (3teilig)
Lithografie auf Papier
105 cm x 59 cm
1994

Oswald Petersen

1903	geboren in Düsseldorf
1921–1923	Studium an der Kunstakademie Düsseldorf
1923–1926	Studium an der Kunstakademie München
1927–1933	Studium an der Academie André Lhote, Paris
1929	Mitglied der Gruppe „Surindependants"
1931–1933	Mitglied der „Rheingruppe"
1932	Besuch bei Henri Matisse in dessen Atelier in Paris
1946 und 1949	Mitglied der „Rheinischen Sezession" und der „Neuen Rheinischen Sezession"
1952	Verleihung des Corneliuspreises der Stadt Düsseldorf
1960	Mitglied des Deutschen Künstlerbundes
1992	gestorben in Düsseldorf

Oswald Petersen ist als Porträtist und Landschaftsmaler vom deutschen Expressionismus und der Matisse-Schule geprägt. Während seines sechsjährigen Studienaufenthaltes in Paris trifft er 1932 den großen Meister der Fauve, Henri Matisse. Wie kein anderer versteht dieser, Farbe und Form rauschhaft, musikalisch, abstrahierend einzusetzen. Alle diese Elemente finden sich in der Malerei von Oswald Petersen wieder, obwohl er durch seinen strengen Pariser Lehrer André Lhote dazu angehalten wird, jedem seiner Werke ein durchdachtes abstraktes System zu unterlegen.

Auch die drei Aquarelle der IKB, die Petersen in seinem letzten Lebensjahrzehnt mit weit über 80 Jahren malt, zeigen noch die leichte Hand und das musikalische Feuer, mit dem er seine Farben stets einsetzt. Der behutsame Übergang vom Abbild zum Urbild, von einem spezifischen Naturausschnitt zum allgemeinen Zeichen, gelingt Oswald Petersen auch noch im Alter.

Ausschnitthaft blickt man zum Beispiel in einen frühlingshaft gefärbten und sonnendurchfluteten Kiefernwald. Doch nicht das Grün der Kronen, sondern die strenge Vertikalität der Stämme dominieren das Bild. „Geröll Tirol" zeigt mittig einen Findling auf einem rotgefärbten Kissen aus Tannennadeln, der von eisgrauen Baumstämmen hinterfangen wird. Die kalte Farbigkeit überträgt die Stimmung zur Zeit der Eisschmelze. Petersens Bild „Waldesrand" von 1991 gibt die Vertikalstrukturen hochaufragender Baumstämme im Orange-Rot eines glühenden Sonnenuntergangs wieder. Wie durch einen Filter sind Stämme und Zwischenräume eins geworden. Vorder- und Hintergrund sind nicht mehr voneinander zu trennen. Und doch wird auf den ersten Blick deutlich, daß es sich um eine Gruppe von Baumstämmen handelt, auch wenn sie sich in der Abstraktion von Licht und Farbe fast auflösen.

Oswald Petersen pflegte zu vielen Künstlerkollegen in Düsseldorf einen engen, freundschaftlichen Kontakt. Unter den Jüngeren waren es vor allem Gotthard Graubner und Konrad Klapheck, denen er sich verbunden fühlte.

Oswald Petersen
„Lichter Wald"
Wasserfarben auf Papier
41 cm x 56 cm
1988

Oswald Petersen
„Geröll Tirol"
Wasserfarben auf Papier
41 cm x 56 cm
1983

Peter Reichenberger

1945	geboren in Halle an der Saale
1967–1974	Studium an der Fachhochschule für Kunst und Design in Köln
1975–1976	Studium der Kunstgeschichte und Völkerkunde an der Universität Köln
1977	Ausstellung im Leopold-Hoesch-Museum Düren
1994	Ausstellung im Kunstverein Lippstadt
	ausgedehnte Reisen nach Afrika, in den Vorderen Orient, nach Asien und Amerika
	Peter Reichenberger lebt bei Köln

Peter Reichenberger ertastet die Farbe und bringt sie statt mit dem Pinsel mit Fingern und Handflächen auf die Leinwand auf. Dieses Handauflegen und Berühren ohne technisches Hilfsgerät steigert er in ruhigen Gesten, abtastend und Schicht für Schicht zu monochromen Farbflächen, die sich gänzlich einem Farbklang und dessen Abstufungen verschreiben. Der Betrachter nimmt zunächst nur die reinen Farbwerte wahr, bevor der Blick am Motiv der Hautstruktur, den immer gleich bleibenden Andrücken haften bleibt.

Unmittelbarer, als mit dem Finger- oder Handabdruck, kann ein Künstler sich kaum äußern. Dem geistigen Fingerabdruck, mit dem ein Maler herkömmliche Landschaften auf der Leinwand hinterläßt, stellt Reichenberger das unmittelbare Identitätsmerkmal entgegen. Seine Malerei geht nicht den Umweg über die Darstellung und die persönliche Interpretation eines gegenständlichen Motives, sondern stellt die Sache selbst vor: Farbe als Handwerk. Was auf den ersten Blick sachlich und objektiviert anmutet, ist in Wahrheit höchst individuell und sinnlich. Reichenbergers Bilder sind in ihrer Wirkung romantisch wie Lichterscheinungen in der Natur oder Farberscheinungen hinter dem geschlossenen Auge. In ihrer Gestik sind sie nicht malbar. Seine Bilder sind bei aller Einfachheit der Technik zugleich hochdiszipliniert. Das Prinzip des Individuellen geht in der Methodik des Seriellen auf.

Peter Reichenberger
„HTA Orange/Rot"
Öl auf Leinwand
145 cm x 195 cm
1998

Gerhard Richter

1932	geboren in Dresden
1952–1957	Studium an der Kunstakademie Dresden
1957–1960	Lehrtätigkeit an der Kunstakademie Dresden
1961	Übersiedlung nach Westdeutschland
1961–1963	Studium an der Kunstakademie Düsseldorf
1963	Begründer der Künstlergruppe „Kapitalistischer Realismus“
1967	Gastprofessur an der Hochschule der Künste Hamburg
1968–1969	Kunsterzieher in Düsseldorf
1971–1995	Professur an der Kunstakademie Düsseldorf
1972	Teilnahme an der Biennale in Venedig
1972–1997	Teilnahme an der documenta VI, VII, VIII, IX, X in Kassel
	Gerhard Richter lebt in Köln

„Ohne Stil, ohne Komposition, ohne Urteil.“ So geht Gerhard Richter seit den 60er Jahren malerisch ans Werk. Bewußt heterogen in seinen stilistischen Ansätzen, nähert sich Richter seitdem mit wechselnden malerischen Methoden urbanen und häuslichen Räumen sowie persönlich-vertrauten oder historisch-bedeutenden Menschen und Alltagsgegenständen. Seit 1962 arbeitet Richter nach eigenen Fotografien, die er in seinem Archiv sammelt und die er seit 1972 als persönliche Vorlagen auch veröffentlicht.

Ab 1969 entstehen Alpen- und Städtebilder nach Luftaufnahmen von Häuserblocks, Straßengewirr und Gebirgsschluchten. Die Malerei changiert hierbei zwischen grobflächigen Grau-, Schwarz- und Weißwerten. Die landschaftlichen Strukturen erscheinen stark abstrahiert und entziehen sich der gewohnten Sichtweise. Richter sucht in seiner Malerei stets sein eigenes Verhältnis zur Wirklichkeit zu klären. Es entstehen Bilder, die zum genauen Hinsehen zwingen.

„Wir können uns doch nicht auf das Bild von Wirklichkeit verlassen, das wir sehen, denn wir sehen es doch nur, wie es uns unser Linsenapparat Auge zufällig vermittelt, plus den sonstigen Erfahrungen, die dieses Bild korrigieren. Und weil das eben nicht ausreicht, weil wir neugierig sind, ob das alles nicht anders sein kann, malen wir.“ (Gerhard Richter in einem Gespräch mit Peter Sager, 1972)

Gerhard Richter
o. T.
bearbeitete Fotografie
100 cm x 70 cm
1989

Gerhard Richter
„Schweizer Alpen"
Siebdruck auf Halbkarton
69 cm x 69 cm
1969

Gerhard Richter
„Schweizer Alpen"
Siebdruck auf Halbkarton
69 cm x 69 cm
1969

Melanie Richter

1964	geboren in Göppingen
1984–1985	Schule für Gestaltung in Basel
1985–1990	Studium der Germanistik, Kriminologie, Kunst und Technik in Freiburg im Breisgau
1990–1992	Studium an der Akademie der Bildenden Künste in Stuttgart bei Baumgartl und Uwe Dreier
1992–1996	Studium an der Kunstakademie Düsseldorf bei Dieter Krieg
1994	Ausstellung im Museum am Ostwall Dortmund
1997	Stipendium der Kunststiftung Baden-Württemberg
1998–1999	Ausstellung im Kunstverein Heilbronn
1999	Einzelausstellung im E-Werk, Hallen für Kunst in Freiburg im Breisgau
	Melanie Richter lebt in Düsseldorf

Seit den Malern der „Brücke" und des „Blauen Reiters" in der Zeit kurz vor dem Ersten Weltkrieg, ist die Tradition der gestischen Malerei voll expressiver Farbdynamik in Deutschland nicht abgerissen. Was mit Franz Marc und Erich Heckel, Alexeij Jawlensky, Ludwig Kirchner und Wassilij Kandinsky beginnt, setzt sich mit der Malerei des „Informel" in den 50er Jahren und den „Neuen Wilden" in den 80ern bis in die Gegenwart fort. Stets schwankt der expressive Duktus zwischen einer wiedererkennbaren Dingwelt, der die Syntax ihrer gewohnten Farbigkeit abhanden gekommen zu sein scheint und die durch laute Farbkontraste ungeahnte Energien freisetzt, und abstrakten Zeichen, die das innere Geschehen des Künstlers ohne den Filter des Intellektes auf die Malfläche bringen.

Auch Melanie Richters kraftvolle Bildgedanken drücken viel von ihrer Psyche aus. Die stark farbigen Leinwände tragen satte Pinselspuren, die sich objekthaft vor einem neutralen Bildhintergrund verdichten, oder aber die Fläche ganz ausfüllen – wie in den sechs kleinen monochromen Tafeln ihrer „Geier-Serie". Richters Bilder sind immer als abstrakte Energiefelder zu lesen. Blau in Blau und Grün in Grün, Gelb, Pink, Rot und Orange geraten auf den quadratischen Flächen der „Geier-Serie" in Aufruhr. Was wir sehen, scheint nur der Ausschnitt einer viel größeren, dramatischen Auseinandersetzung zu sein, die über die Bildränder hinausweist und uns in einer Mischung aus gespannter Neugier und phantastischer Vision zurückläßt. Ein Kampf auf Leben und Tod in den Grundfarben und ihren unmittelbaren Varianten? Ein Ringen mit den Elementen, mit den natürlichen „Feinden" in der Natur, die den Geier zum blutrünstigen Kannibalen und zum Samariter einer im Gleichgewicht bleibenden Natur zugleich machen? Melanie Richter konfrontiert den Betrachter mit einer im Bildgeviert sich aufbäumenden Naturdramatik.

Melanie Richter
o. T. (Geier-Serie, 6teilig)
Öl auf Leinwand
je 30 cm x 30 cm
1994/95

Tomas Riehle

1949	geboren in Triberg, Schwarzwald
1971–1975	Studium an der Folkwang Schule für Gestaltung Essen
1975–1980	Studium an der Kunstakademie Düsseldorf bei Erwin Heerich
1980–1981	Parisstipendium des Landes Nordrhein-Westfalen
1981–1983	DAAD-Stipendiat und Aufenthalt in Zürich
1989	Gastprofessur an der Bezaiel Academy of Arts in Jerusalem
1990	Einzelausstellung im Stadtmuseum Düsseldorf
1995	Gründung der Agentur für Architekturbilder „Contur"
1999	Einzelausstellung im Wilhelm Lehmbruck Museum, Duisburg
	Tomas Riehle lebt in Köln

Tomas Riehle überzeugt in seiner Architekturfotografie durch einen Blick, der Wirklichkeit in Geometrien auflöst. Strenge Symmetrien, Diagonalkonstruktionen, knappe Ausschnitte, Reihungen und überdehnte Bildtiefen kennzeichnen seine Aufnahmen von Industrieanlagen sowie von zeitgenössischer Architektur im Innen- und Außenraum. In einem Katalogessay hebt Riehles Kollege Rolf Sachsse diese Punkte besonders hervor, um Riehles Fotokunst in die Tradition seit der „Neuen Sachlichkeit" einzubinden. Als Bildhauer und Designer ausgebildet, arbeitet Riehle im Bewußtsein der Lichtbildnerei seit August Sander.

Mit dem Auge eines dreidimensional denkenden Zeitgenossen setzt Riehle das wechselnde Tageslicht als räumlichen Modulator seiner Bildausschnitte ein. Dadurch erhalten seine Kompositionen betont plastische Qualitäten, die in seiner Farbfotografie noch bis ins malerisch-stimmungshafte gesteigert werden. Riehle hält bevorzugt Gebäudedetails fest, die aus dem Zusammenhang gelöst perspektivisch gesteigerte, räumliche, fast unwirkliche Wirkungen entfalten. Seltener finden sich in seinem Werk Gebäude, die in ihrer gesamten räumlichen Ausdehnung zu sehen sind. Lieber konzentriert sich der Künstler, – wie etwa bei seiner Serie der Pavillons von Erwin Heerich auf der „Museumsinsel Hombroich" bei Neuss – auf die frontale Erscheinung. Im Gegensatz hierzu stehen die neueren Aufnahmen menschenleerer Rheinbrücken, die Riehle in ihrer dramatischen Spannweite anschneidet, im Dunst verschleiert oder in deutlichen Kontrast zur Ufernatur treten läßt.

Tomas Riehle
„Rheinbrücke Emmerich-Kleve"
Abzug auf Barytpapier
32 cm x 60 cm
1995

August Sander

1876	geboren in Herdorf an der Heller
1887–1899	Assistent des Fotografen Daniel Jung
1901	Übernahme der „Fotografischen Kunstanstalt Greif" in Linz und Umbenennung in „Sander und Stuckenberg"
1910	Übersiedlung nach Köln, Porträtaufträge
1920–1925	Beginn des künstlerisch-dokumentarischen Vorhabens, der Darstellung unterschiedlicher Menschentypen
1927	Ausstellung im Kunstverein Köln
1934	Beginn der Landschafts- und Naturfotografie, Rheinlandschaften
1951	Ausstellung auf der ersten Photokina in Köln
1964	gestorben in Köln

Wenn am Abend sich von meinem Berg
Die Nebel niedersenken,
Bedecken zart damit das schöne Tal
Des Rheins, Die Wildgäns' schreiend ihren Flug
Von Süden gegen Norden lenken,
Ja, dann, o Menschenkind!
Beginnet wieder eine schöne Zeit!

Es zieht der Frühling ein!

(August Sander, Frühling, 1944)

„Sehen, Beobachten, Denken" sind die Maximen des 1876 geborenen Fotografen August Sander. Unter den Leitlinien dieser drei Begriffe widmet er sich in seinem fotografischen Werk dem Menschenbildnis, der Architektur und der Natur. Bereits vor dem Ersten Weltkrieg kann Sander sich als Porträtfotograf etablieren. Sein Interesse für Menschen gilt stets den sozialen und beruflichen Bedingungen, unter denen sie leben. So geben Sanders Menschenbilder bis in die späte Weimarer Republik hinein einen breiten, erzählerisch aufgefaßten Einblick in die unterschiedlichen Gesellschaftsschichten jener Epoche. Er plant und arbeitet an einem umfassenden Mappenwerk, in dem er unter dem Titel „Menschen des 20. Jahrhunderts" ein Panorama aller Milieus – von Arbeitern und Handwerkern, über Intellektuelle und Künstler bis zu Kranken und Siechen – aufbauen will, das er aber nicht abschließen kann.

Sander sucht in seinen Menschenbildern, das Wesentliche eines Standes sichtbar zu machen. Seine Fotografien sollen keine Schnappschüsse eines glücklichen Moments sein, sondern zeitlos durchkomponierte Aufnahmen, die ein wahrhaftiges Gesamtspektrum der Gesellschaft in all ihren Facetten vorführen. „Nichts schien mir geeigneter zu sein, als durch Photographie in absoluter Naturtreue ein Zeitbild unserer Zeit zu geben", sagt August Sander 1927. Im gleichen Jahr zeigt er seine ersten Arbeiten zum Thema im Kölnischen Kunstverein. Sein später erscheinendes Buch „Antlitz der Zeit" wird 1934 von den Nationalsozialisten beschlagnahmt und vernichtet.

Aus der Not der Stunde macht Sander offenbar eine Tugend. Er wendet sich dem politisch weniger angreifbaren Thema der Rheinlandschaft zu. Ausgedehnte Wanderungen im Siebengebirge hatten ihn bereits in den 20er Jahren mit den Höhen des Rheinufers vertraut gemacht. Nun beginnt er, auf seinen Touren zu arbeiten und den als dramatisch schön empfundenen Landstrich fotografisch festzuhalten. Auch wenn Sander sein Erlebnis dieser für ihn „unglaublichen Schönheit" nicht in Gänze – ohne das ihn betörende Vogelgezwitscher – wiedergeben kann: Es sind, unter manchmal romantisch aufgewühlten Wolkendecken, Fotografien entstanden, die die Naturschönheiten eines altbesiedelten Flußtales in einzigartiger Atmosphäre wiedergeben.

August Sander
„Blick auf Köln bei Sonnenaufgang"
aus dem Zyklus „Rheinlandschaften"
Neuabzug von Gunther Sander, 1975
Portra-Papier
23 cm x 29 cm
1938

August Sander
„Die Rheinschleife bei Boppard"
aus dem Zyklus „Rheinlandschaften"
Neuabzug von Gunther Sander, 1975
Portra-Papier
23 cm x 29 cm
1936

August Sander
„Siebengebirge bei Oberwinter“
aus dem Zyklus „Rheinlandschaften“
Neuabzug von Gunther Sander,1975
Portra-Papier
23 cm x 29 cm
1939

Alexander von Schliefen

1964	geboren in Düsseldorf
1984–1990	Studium an der Kunstakademie Wien, an der Städelschule Frankfurt und an der Kunstakademie Düsseldorf bei A. R. Penck
1989	„Pyramiden", Ausstellung in der Galerie Kewenig, Frechen
1990	Max-Ernst-Stipendium der Stadt Brühl
1991	Ausstellung in der Galerie Feuerle, Köln
1995	Ausstellung im Foto Forum, St. Gallen
1998	Ausstellung in der Galerie Otto Schweins, Köln
	Alexander von Schliefen lebt in Köln

Früh löst sich Alexander von Schliefen von der Malerei, um mit dem technisch reproduzierbaren, fotografischen Bild zu arbeiten. Er wählt Menschen und Gegenstände aus dem Bildfundus unserer Gegenwart. Auf farbiges Papier kopiert und mit bunter Gaze aus Chiffon bespannt, läßt er den Betrachter über die von ihm gewählten schwarz-weißen Motive im Unklaren. Seine Fotografien erscheinen durch Farbüberlagerungen und lichtbrechende Stoffschichten räumlich entrückt und atmosphärisch aufgeladen.

In den beiden großformatigen Fenstergestaltungen, die Schliefen eigens für einen schmalen Büroflur bei der IKB entwickelt hat, geht er einen entscheidenden Schritt weiter. Nun verbindet er die Lichtkunst der Fotografie mit der eigenen malerischen Geste im Raum. Mit einer Taschenlampe hat er ins Dunkle „gemalt" und diese Lichtspur fotografisch festgehalten. Im Siebdruckverfahren hat er die bewegte Lichterscheinung auf eine mattierte Plexiglasplatte übertragen und hinter eine zweite Plexiglasscheibe montiert, die hinter einem beidseitig farbig bemalten Passepartout gerahmt ist. Vor dem hellen Fenster leuchtet das Hauptmotiv der abstrakten Lichtspur wie ein Diapositiv oder wie eine Röntgenaufnahme. Das einfallende, natürliche Licht reflektiert aber auch die farbige Rückseite des Passepartouts, was an den Rändern zu diffusen Farbbrechungen führt.

Mit dieser eigentlich einfachen Konstruktion aus mehreren, voreinandermontierten, lichtdurchlässigen Bildträgern aus Plexiglas werden Malerei, Fotografie und Lichtkunst getrennt aufeinander bezogen. Die dargestellte Lichtspur als Fotografie gerät mit den natürlichen Lichterscheinungen der Tageszeiten und den gemalten, farbigen Flächen in einen Dialog, der Bewegung und Raum, Licht und Farbe separat aufeinander bezieht. Ausgehend von den Farb-Raum-Reflexionen der Fotografien, die sich an den Stirnseiten der Flurflucht befinden, verbindet Schliefen die beiden Fensterarbeiten durch eine Farbspur miteinander – aufgebracht auf die Säulen des Ganges von hellem Blau bis zu einem Safrangelb.

In dieser architekturgebundenen Installation wird Malerei auf ihre ursprünglichen Elemente Licht, Farbe und Raum reduziert. Sie werden nicht, wie im herkömmlichen Tafelbild, zweidimensional dargestellt, sondern einzeln vorgeführt. Das Kunstwerk greift in den Raum und damit in die Arbeitswelt ein. Über den Verkehrsweg des Flures werden Inhalte kommuniziert, die ebenso rasch und dynamisch ihren Weg finden wie die Bewegungsspuren auf den Fotografien des Künstlers. Diese führen schließlich hinaus ins Licht, dem sie sich, wie jedes Bild, verdanken.

Alexander von Schliefen
Fensterinstallation und Flurgestaltung
3. Etage, IKB Düsseldorf
1998

Susanne Schmidt

1967	geboren in Köln
1986–1994	Studium an der Kunstakademie Düsseldorf
1991	Stipendium Cité des Arts, Paris
1994	Ausstellung in der Galerie Bach & Gayk, Bochum
1997	Ausstellung in der Galerie Wolfram Bach, Düsseldorf
1997	Ausstellung anläßlich der Verleihung des Ida-Gerhardi-Preises in Lüdenscheidt
	Susanne Schmidt lebt in Düsseldorf

Susanne Schmidt verbaut und eröffnet in ihrer Malerei mit abstrakten Mitteln Bildräume. Ihre extremen Querformate erinnern an Landschaftliches, an einfache Gebäude, an Horizonte, an Spiegelungen einer Fata Morgana. Sieht man genauer hin, so lassen sich die übereinandergelegten, schnell niedergeschriebenen Balken und Farbstreifen nicht benennen. Schmidt bildet eben keine sichtbare Wirklichkeit ab. Ihr Denken orientiert sich nicht am Sprachlichen im Sinne benennbarer Gegenstände. Vielmehr tastet die Künstlerin malerisch Assoziationsräume ab, die Sprache nur ahnen lassen. Fakten und Ahnungen werden durch Farbe in Stimmungsbilder übersetzt, die unterschiedlich verdichtet stehen bleiben.

„Dagegen manchmal in Gesprächen oder in Gedanken ein Öffnen, ein Ahnen, wie in einen anderen Raum zu gehen, von etwas sehr Unklarem, was, wenn es faßbar gemacht werden soll, verschwindet, besser in großen, unbestimmten Schlingen umkreist würde." (Susanne Schmidt, 1994)

Susanne Schmidt
o. T.
Öl auf Leinwand
je 35 cm x 80 cm
1996

Rolf Schroeter

1932	geboren in Zürich
1954–1957	Studium an der Hochschule für Gestaltung in Ulm
1957–1958	Mitarbeiter von Max Bill und Josef Brockmann in Zürich
1962–1968	Eidgenössische Stipendien für angewandte Kunst
1967–1968	Gastdozent für Fotografie an der Hochschule für Gestaltung in Ulm
1980–1981	verschiedene Gastdozenturen in den USA
1980–1997	diverse Buchprojekte und Ausstellungen
	Rolf Schroeter lebt in Zürich

„Das innere wird zum äusseren, betrachtbar in der originären sehweise von rolf schroeter. Seine fotografie ist eindruck und ausdruck schöpferischer ereignisse.“ (Günther Uecker, 1981)

Rolf Schroeter und Günther Uecker verbindet eine lange Freundschaft und Produktionsgemeinschaft. Früh stößt der Schweizer Fotograf auf die Düsseldorfer Künstlergruppe ZERO. Wie er selbst, befassen sich auch Otto Piene, Heinz Mack und Günther Uecker seit Ende der 50er Jahre mit den Phänomenen des Lichts. Schroeter erfindet ein abstraktes Farbalphabet, seine „koloraturen“. 1962 beginnt er, „kongenial“, wie Guido Magnuagno begeistert betont, die Lichtexperimente von Otto Piene fotografisch festzuhalten. Einfühlend und mitdenkend reflektiert Schroeter die Arbeit des Kollegen.

Noch wichtiger wird für ihn die Begegnung mit Günther Uecker, dessen Werk er in mehreren gemeinsamen Publikationen als Dokumentarist sensibel begleitet. Einen spannenden Höhepunkt erreicht diese Zusammenarbeit 1981 mit der Fotosequenz „Entwicklung eines Werkes“ (siehe Seite 151).

Mit sachlicher Distanz von einem fixen Standpunkt aus gelingt es Schroeter, den aufwühlenden Schöpfungssvorgang und die körperliche Verausgabung Ueckers eindringlich festzuhalten.

Eine quadratische Platte wird grundiert. Darauf legt der Künstler ein dunkles Tuch, das wie eine Tischdecke locker über die Plattenränder hängt. Dann kniet er in der Mitte der Malfläche nieder, verteilt mit bloßen Händen und großen Gesten weiße Farbe auf dem Grund und beginnt im nächsten Schritt, das Feld mit einer groben Axt zu bearbeiten. Er schlägt auf die Fläche ein und spaltet sie auf, wie ein Bauer den Acker. In dieses aufgebrochene Feld setzt Uecker schließlich Stahlnägel, die er in dramatischer Zügigkeit einhämmert, bis sich das gesamte Bildrelief zu einer Wiese aus Nägeln verdichtet.

Das expressive, handwerkliche Tun Günther Ueckers auf der einen und die geradezu asketisch disziplinierte Haltung des Fotografen Rolf Schroeter auf der anderen Seite gehen in dieser Fotoserie eine fruchtbare Beziehung ein. Sie zeugt von der großen Hochachtung des still beobachtenden Fotokünstlers vor dem archaisch wirkenden Kampf des Maler-Bildhauers mit seiner Materie.

Rolf Schroeter
aus der Serie „Entwicklung eines Werkes – Günther Uecker"
Granolitho
61 cm x 51,5 cm
1981

Katharina Sieverding

1944	geboren in Prag
1963–1964	Studium an der Hochschule für Bildende Künste Hamburg
1963–1967	Bühneninstallationen in Hamburg, Düsseldorf und Wien
1964–1967	Studium an der Kunstakademie Düsseldorf bei Teo Otto und als Meisterschülerin bei Joseph Beuys
1972–1988	Studienaufenthalte in den USA, in China und in der UdSSR
1990–1992	Gastprofessur an der Hochschule für Bildende Künste in Hamburg
seit 1992	Professur an der Hochschule der Künste Berlin Katharina Sieverding lebt in Berlin

Seit den frühen 70er Jahren reproduziert die Fotokünstlerin Katharina Sieverding wieder und wieder ihr eigenes Antlitz. Frontal, wie im Spiegel aufgenommen, sucht sie ihr Abbild, als wolle sie sich selbst auf die Spur kommen. En face faßt Sieverding ihren Gesichtsausschnitt reihenweise neben- und übereinander zu großformatigen Werken zusammen. Oft gleichen sich die Ausschnitte, zuweilen werden aber auch unterschiedliche Momentaufnahmen in Serie gestellt und farblich bearbeitet. Bis in die frühen 90er Jahre bleibt die Versicherung des eigenen Selbst, die Suche nach Identität ihr zentrales Thema. Dabei geht die Künstlerin stets dialektisch vor. In ihrer Gesichtslandschaft sieht sie zugleich den männlichen Gegenpart, dessen Foto sie über das eigene blendet3. Mann und Frau werden in einem Blick erfaßt und vereint.

Andere Arbeiten bringen Leben und Tod, Individualität und Maske, Positiv und Negativ zur Deckung. Was zunächst in herkömmlichen fototechnischen Verfahren entsteht, wird oft Jahre später digital überarbeitet. Sieverding vergrößert und manipuliert ihre früheren Werke mit Hilfe modernster Computertechniken. Damit verliert die Fotografie bei ihr jenen dokumentarischen Wahrheitsgehalt, auf den man in der Lichtbildkunst lange vertraut hat. Indem Sieverding das fotografische Handwerk computergestützt weiterentwickelt, erzeugt sie rein subjektiv gestaltete Kunstwerke.

Die Folge „Die Sonne um Mitternacht schauen II – 15", die 1988 als Siebdruck umgesetzt wird, geht zurück auf eine Fotosequenz aus dem Jahre 1973, in der die Künstlerin ihr Gesicht mit Goldstaub bedeckt fotografiert. Zweireihig neben- und übereinander wiedergegeben, porträtiert sich Katharina Sieverding eindringlich mit einem maskenhaften Gesicht. Wie Rudolf Schmitz anmerkt, wird hier das zum Fotografieren nötige Licht scheinbar durch Strahlung von innen heraus erzeugt: „Das mit Goldstaub bedeckte Gesicht dringt aus dem Dunkel hervor, bündelt alles Licht und gewinnt Massivität und Dichte, höchstes spezifisches Gewicht." Sieverding verwandelt ihr Antlitz in eine Goldmaske, die zugleich tot und lebendig, weich und hart, hell und dunkel wirkt. Das stumme Antlitz reflektiert das äußere Licht und ist doch innerlich voller Leben. Die kosmische Energie des Lichts scheint sich dabei mit der inneren Energie einer ins Unendliche blickenden Gestalt zu mischen, die Mann wie Frau sein kann.

„Die Sonne um Mitternacht schauen II – 15" macht Sieverdings Grundanliegen einer Synthese aus Körper, Geist und Sinnen deutlich. Das ständig im Wandel befindliche Dasein erscheint in den gereihten Fotografien nicht fixiert, sondern durchlässig und von transitorischer Kraft.

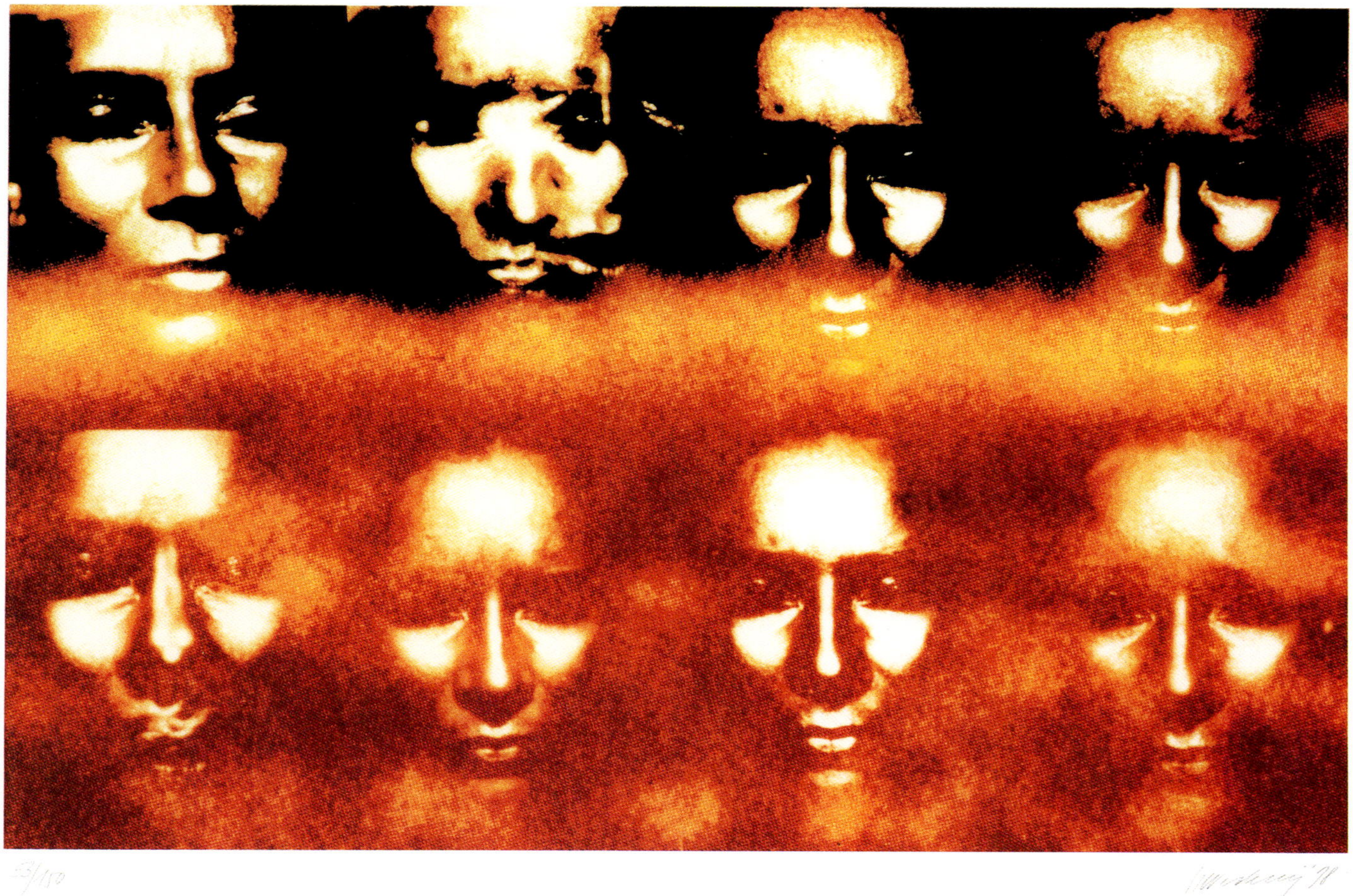

Katharina Sieverding
„Die Sonne um Mitternacht schauen II–15"
Siebdruck
71 cm x 110 cm
1988

Martin Streit

1964	geboren in Koblenz
1983–1986	Ausbildung zum Kunstglaser in Trier
1988	Studium an der Kunstakademie Münster
1989	Förderpreis der Kunstakademie Münster
1990	Studium an der Kunstakademie Düsseldorf bei Jan Dibbets und Gotthard Graubner
	Ausstellungsbeteiligung im Kunstverein Münster
1993	Reisestipendium der Kunstakademie Düsseldorf
1998	Ausstellungsbeteiligung im Mittelrhein Museum, Koblenz
1999	Aufenthalt in der Villa Massimo, Dependance Olevano Romano
	Martin Streit lebt in Düsseldorf

Die kleinen, querformatigen Werke von Martin Streit sind Kammerstücke, die Rätsel aufgeben. Handelt es sich um moderne Malerei? Oder sehen wir Fragmente aus größeren Gemälden der Vergangenheit? Spiegelt der Künstler Mikroorganismen, die durch neueste Technik sichtbar geworden sind? Oder lenkt er den Blick zurück in die Kunstkammern und Stillebenwelten des 17. Jahrhunderts?

Martin Streit hat seine groben Leinwände in mehreren Schichten grau-weiß grundiert. Trocken haften die changierenden Farben auf der Fläche. Wie aus dem Nichts tauchen bunt schimmernde Kugeln im Gegenlicht auf. Sie spiegeln sich auf der Ebene, die zugleich Unter- und Hintergrund ist. Jede Kugel wird unmittelbar von ihrem Schattenbild begleitet. Eine Verdoppelung der Form, ein Spiel mit Sein und Schein: Liegen die Kugeln auf Eis oder Glas? Spiegeln sie sich in einem Meer unendlicher Stille wie vergrößerte Blütenpollen, die zu leicht sind, um die Oberflächenspannung der Flüssigkeit zu durchbrechen? Der neutrale Hintergrund, der zu fest erscheint, als daß die fremden Kugelobjekte darin untergehen, läßt nach dem Oben und dem Unten fragen, nach dem Hinten und dem Vorn. Indem er die Schattenkonturen leicht verwischt und mit der lichten Atmosphäre der Spiegelfläche verschmilzt, gibt der Künstler keine eindeutige Antwort.

In der Unbestimmtheit der Erscheinungen, in der stillen Betrachtung einfacher Objekte sowie in der schattenhaften Farbigkeit erinnern die Bilder von Martin Streit an die Flaschenmeditationen von Giorgo Morandi. Allein die Gegenstände seiner Betrachtung stellen die Dingwelt deutlicher in Frage: weil wir sie kaum benennen und keiner Sphäre eindeutig zuordnen können. Still scheinen sich die labilen Objekte mit ihrem Spiegelbild zu paaren. Doch die Ruhe täuscht – die Verdoppelung der Form gleicht auch dem Beginn eines Zellteilungsprozesses. So wie Streit die gemalten Formen präsentiert, läßt er den Betrachter bewußt im Unklaren über Zeit und Raum, Realität und Traum.

Martin Streit
o. T.
Öl auf Nessel
je 20 cm x 44 cm
1998

151 cm x 201 cm
1998

Beat Streuli

1957 geboren in Altdorf, Schweiz

Beat Streuli
aus der Serie „Yamaguchi 10.4.1998“
C-Print
je 60 cm x 85 cm
1998

Günther Uecker

1930	geboren in Wendorf, Mecklenburg
1949–1953	Studium der Malerei in Wismar und an der Kunstakademie Berlin-Weißensee
1955–1957	Studium an der Kunstakademie Düsseldorf
1958	erste ZERO-Demonstrationen mit Mack und Piene
1964	Teilnahme an der documenta III in Kassel
1971	Studienaufenthalt in Südamerika
1972	Studienaufenthalt in Afrika
1974 und 1984	Studienreisen durch Asien
1976–1995	Professur an der Kunstakademie Düsseldorf
1977	Teilnahme an der documenta VI in Kassel
1985	Reise nach Island und Studienaufenthalt in der UdSSR
1991	Studienreise nach Israel
	Günther Uecker lebt in Düsseldorf

„Kunst und Natur, die beiden großen Erscheinungen unserer Umwelt, einander so innig verwandt, daß eine ohne die andere nicht denkbar ist, werden sich nie in die Formel eines Begriffs zwingen lassen." (Karl Nierendorf, 1928)

Günther Uecker vertraut auf die Macht der Naturwirklichkeit: Wenn er seine Malgründe mit Farbe bestreicht und später vernagelt, wirkt der Schaffensvorgang wie ein Ringen um Leben und Tod. Mit bloßen Händen überträgt Uecker Maß und Rhythmus seines Körpers auf stabile Bildgründe. Temperamentvoll schleudert, spritzt und streicht er Kalk oder Asche, Sand oder Farbe darauf. Dann zerfurcht er sie mit den Fingern, als wollte er den Bildgrund fruchtbar machen und aufreißen. Schließlich treibt Uecker lange Stahlnägel in die Tafeln. Ihr Abstand wird von der Dicke seiner Finger bestimmt. Die Dramatik folgt der eingesetzten Energie: Mal beugen sich die Nagelreihen leicht wie Ähren im Wind, mal verwirbeln sie in kraftvollen Strudeln.

Rolf Schroeter hat die Entstehung eines Werkes 1981 mit der Kamera eingefangen. Wie ein Blindwütiger, der allein auf Tasten und Fühlen vertraut, hat Günther Uecker die beiden Tafeln, die nun im ersten Obergeschoss der IKB eine Foyerwand füllen, mit Nägeln gespickt. Ihre Formate entsprechen der Spannweite seiner Arme – Arbeitsspur und Willkommensgeste in einem.

Uecker liebt die große Geste, doch erstarrt sie bei ihm nie zur Pose. Sein Tun ist von Sentiment getragen, auch wenn er, noch zu Zeiten der Gruppe ZERO, Anfang der 60er Jahre, Stühle, Tische oder Klaviere mit seinen Nägeln malträtiert und Leinwände durch sachliche Geometrien diszipliniert. Uecker hat sich die Kraft des Wunderns und Staunens erhalten. Beides ist in seinen Arbeiten spürbar, in den Wirbeln der Nagelfelder ebenso wie bei seinen Bewegungen, die er in Staub und Asche auf den Malgründen festhält, als wären sie Lava aus Seelengründen. Seine Reliefs suchen den Lauf der Welt nicht neu zu bestimmen, sondern sichtbar zu machen. Wenn Schwarz und Weiß nebeneinander stehen, verweisen sie auf den ewigen Kreislauf von Tag und Nacht. Mit natürlichen Substanzen und einfachen Gebrauchsgegenständen eröffnet Uecker den Blick auf Himmel und Erde. Die Nagelköpfe bilden Sternspiralen oder brechen hervor, als seien sie die Saat in frisch aufgebrochener Erde: „ ... wie auch mein Gedächtnis aufgerissen wird und all diese Erinnerungsbrocken auf einmal freiliegen, so wie jedes Jahr neue Steine auf dem Acker nach oben getrieben werden."

Christa Wolf hat mit einem Text zu „Medea" 1996 einen Dialog mit der Kunst Günther Ueckers geführt. Zwölf Radierungen sind entstanden, in denen Bild und Wort ineinandergreifen. Die Serie ist ebenfalls Teil der IKB Sammlung. Sie erinnert an die Schicksalhaftigkeit des Lebens vor dem Hintergrund der ewig verrinnenden Zeit.

Rolf Schroeter
aus der Serie „Entwicklung eines Werkes – Günther Uecker"
Granolitho
je 61 cm x 51,5 cm
1981

Günther Uecker
„Spirale I"
Nägel, Leinwand, Latexfarbe
200 cm x 200 cm
1998

Günther Uecker
„Spirale II"
Nägel, Leinwand, Latexfarbe
200 cm x 200 cm
1998

Andy Warhol

1928	geboren in Pittsburgh, USA
1942–1949	Grafik-Design-Studium am Carnegie Institute for Technology in Pittsburgh
1949	Übersiedlung nach New York
1960–1961	erste Pop-Gemälde mit Comicstrip-Figuren, Werbe- und Warenweltmotiven
1963	Umzug in eine Farbikhalle, Warhols erste „Factory", erste Filme
1968	Umzug der „Factory", Attentat auf Warhol Teilnahme an der documenta IV in Kassel
1970	erste Porträts auf der Basis von Polaroid Fotos
1982	Teilnahme an der documenta VII in Kassel
1987	gestorben in New York

Von Mitte der 50er Jahre an beginnt Andy Warhol, als Werbegrafiker in den Diensten einer Schuhfirma, sein künstlerisches Werk aufzubauen, mit dem das gedankenlose Glamourbild der Reklame durch witzige, intelligente Werbung abgelöst wird. Produktwerbung soll nun künstlerisch aussehen, und da kommen die Zeichnungen des jungen Warhol, der in seiner Heimatstadt Pittsburgh Grafik-Design studiert hatte, in New York gerade recht. Im Mai 1979 lernt Warhol in Düsseldorf Joseph Beuys kennen. Respekt und gegenseitige Sympathie sind so groß, daß sich Warhol drei Jahre später an dem „7000 Eichen"-Projekt von Beuys auf der documenta VI in Kassel beteiligt. Auch Beuys hat nichts gegen Werbung: „Mein ganzes Leben war Werbung, aber man sollte sich einmal dafür interessieren, wofür ich geworben habe."

Warhol wie Beuys haben es in ihren Werken geschafft, sich selbst durch Werbung zum Kunstwerk zu stilisieren. Wenn Warhol in einer Farbserigrafie ein Polaroidporträt von Beuys in den Grundfarben Rot, Gelb und Blau sowie in Weiß als Positiv und als Negativ druckt, dann als Hommage an einen ihm ebenbürtigen Kollegen. Die Fotovorlage entsteht im Oktober 1979 in New York und wird 1980 als Serigrafie mit Diamantstaub auf Papier hergestellt. Warhol verwendet dasselbe Motiv 1986 noch einmal in der Serie „Beuys zu Ehren" auf einem Camouflage-Untergrund. Die im Sommer in München vorgestellte Reihe gerät zum Abschiedsgruß an den wenige Monate zuvor verstorbenen Freund.

Seit den Mao-Bildern Anfang der 70er Jahre wollen alle möglichen „very important persons" im Pop-Art-Stil porträtiert werden. Die Beuys-Porträts aber haben für Andy Warhol eine ganz persönliche Bedeutung.

Andy Warhol
„Joseph Beuys“
Farbserigrafie mit Samtstaub
100 cm x 80 cm
1980/83

Isolde Wawrin

1949	geboren in Altdorf, Schwarzwald
1966	Beginn einer Lehre als Lithografin
1970–1971	freie Grafikerin in Frankfurt am Main
1971–1974	Studium an der Akademie der Künste Karlsruhe bei Markus Lüpertz
1974–1977	Studium an der Kunstakademie Düsseldorf bei Klaus Rinke
1977	Stipendium Cité des Arts, Paris
1980	Ausstellung im Bonner Kunstverein
1982	Ausstellung in der Kunsthalle Düsseldorf
1995	Ausstellung im Heidelberger Kunstverein
	Isolde Wawrin lebt in Ittenheim

Warsong

In der Mitte
der Erde
stehe ich
seht
in der Mitte
der Winde
stehe ich
seht
wo ich heilige
Gräser nehme
stehe ich
wo die vier Winde
sich treffen
stehe ich
Bär Adler.

(Isolde Wawrin, 1983/84)

Mit den Fingern gemalt, passen Isolde Wawrins Bilder in kein System. Intuition, Erfahrung und Kontrolle spielen zusammen, wenn die Künstlerin ihre großen Leinwände entschieden mit schwebenden Farbformen füllt. Auf weißer Fläche verdichten sich ein blauer Strom, ein Sonnenfragment, rote Räder und grüne Blattformen, die sich am Rand wieder vereinzeln und davonzufliegen scheinen. Dieses kreisende Ineinander, dieses luftige Lockerlassen vor der weißen Fläche des Nichts wird optisch durch eine Gruppe streng aufgerichteter, schwarzer Gräser und gekringeltem Gewürm gehalten, sodaß sich die Komposition deutlich in zwei Schichten teilt, eine helle, buntfarbige und eine dunkle, streng-filigrane.

Kaltes und Warmes, Spitzes und Rundes zerstäuben an den Rändern wie durch einen Windhauch. Der Betrachter fühlt sich an Pflanzen und Erscheinungen in der Natur erinnert, doch auch archaische, von Menschenhand gemachte Zeichen werden erkennbar. Allein sind weder die Formen noch die Zeichen lesbar. Vielmehr beschäftigt sich Wawrin mit dem Unbenennbaren, mit dem, was wir nicht kennen.

Wenn sie mit vier Hauptfarben etwas zwischen Mensch und Natur, zwischen Pflanze und Tier, zwischen Bewußtem und Unbewußtem, Erinnertem, Geträumtem, Gelesenem malt, verknüpft sich Vision und Wahrnehmung auf einer eng mit der Natur verbundenen, instinkthaften Ebene. Der Formulierung im Bild stellt Wawrin gern das Wort zur Seite. Gemälde und Gedicht beziehen sich nicht unmittelbar aufeinander. Und doch wirkt das eine wie die Skizze für das andere.

Isolde Wawrin
o. T.
Acryl auf Leinwand
210 cm x 289 cm
1996

Inhalt

Impressum

BAU KUNST WERK entstand unter der Federführung des Sprechers des Vorstandes Dr. Alexander von Tippelskirch.

Die Projektleitung lag bei Heribert Wicken, Leiter Organisation und Bankservice.

Mit der Kunstberatung war Hete A. M. Hünermann, Galerie und Kunstberatung, Düsseldorf, beauftragt.

Das gestalterische Konzept wurde bei Zeichenverkehr, Düsseldorf, entwickelt.

Die Abbildungen für den Band KUNST fotografierte Christoph Münstermann, Düsseldorf.

Die Farbraumgestaltung von Julia Lohmann im Band KUNST fotografierte Norbert Faehling.

Die Abbildungen für den Band BAU fotografierte Tomas Riehle, Köln.

Den Text für den Band BAU verfaßte Prof. Wilfried Korfmacher, Düsseldorf.

Den grafischen Entwurf führte Daniel Stoffels, Düsseldorf, aus.

Das Lektorat übernahmen Sikander Singh und Sabine Stoye, Düsseldorf.

[illegible]uktionstechnischen Planung war Klaus-W. Richter, Dü[illegible]eldorf, beauftragt.

Lithografie und Druck führte die Heinrich Winterscheidt GmbH, Düsseldorf, aus.

Die buchbinderische Verarbeitung übernahm die G. Lachenmaier GmbH & Co. KG, Reutlingen.

ISBN 3-00-004802-2